事前・事後学習のポイントを理解！

保育所　施設　幼稚園

実習ステップブック

第2版

編著　山本美貴子
　　　松山洋平

JN118917

みらい

執筆者一覧

● 編著者

山本　美貴子　和泉短期大学
（やまもと　みきこ）

松山　洋平　和泉短期大学
（まつやま　ようへい）

● 執筆者（五十音順）

久保　小枝子　和泉短期大学　………　第7章1～3節・Q＆A・コラム
（くぼ　さえこ）

佐藤　美紀　和泉短期大学　………　第2章コラム、第3章1・2節、
（さとう　みき）　　　　　　　　　　第6章10節・コラム

鈴木　敏彦　和泉短期大学　………　第6章4・8節
（すずき　としひこ）

中野　陽子　和泉短期大学　………　第6章5～7・11節
（なかの　ようこ）

星　早織　和泉短期大学　………　第5章1～4節・コラム
（ほし　さおり）

前島　麻衣　和泉短期大学　………　第5章6節、第6章13節、第7章5節、
（まえじま　まい）　　　　　　　　　第8章4節

松浦　浩樹　和泉短期大学　………　第9章
（まつうら　ひろき）

松山　洋平　和泉短期大学　………　第2章2節、第3章3節、第4章、
（まつやま　ようへい）　　　　　　　第5章5節、第7章4節

八代　陽子　和泉短期大学　………　第1章5～8節、第6章9節
（やしろ　ようこ）

山本　美貴子　和泉短期大学　………　第1章Q＆A、第2章1・3節・Q＆A、
（やまもと　みきこ）　　　　　　　　第3章Q＆A、第5章Q＆A、第6章Q＆A、
　　　　　　　　　　　　　　　　　　第8章1～3節・Q＆A

横川　剛毅　和泉短期大学　………　第6章1～3節
（よこかわ　ごうき）

渡部　美佳　元和泉短期大学　………　第1章1～4節、第6章12節
（わたなべ　みか）

（イラスト・ブックデザイン：設樂みな子）

株式会社 みらい

『保育所・施設・幼稚園実習ステップブック 第2版』追補

児童福祉法の一部改正に伴い、本書 p. 86（表 6-3）、p. 93（表 6-5）、p. 100 の児童発達支援センターは、2024（令和6）年4月1日より、これまで「福祉型」と「医療型」に分かれていた児童発達支援の類型を下図の通り一元化し、障がい種別にかかわらず障がい児を支援できるようになりました。

【改正前】

児童発達支援
【対象】全ての障害児
【支援内容】福祉的支援
→ 福祉型児童発達支援センター
→ その他の児童発達支援事業所

医療型児童発達支援
【対象】肢体不自由児
【支援内容】福祉的支援＋治療（リハビリテーション）
→ 医療型児童発達支援センター

一元化

【改正後】

児童発達支援
→ 児童発達支援センター
【対象】全ての障害児
【支援内容】福祉的支援（＋肢体不自由児の治療＊）
＊これまで医療型で行ってきた治療（リハビリテーション）は引き続き実施可能
→ その他の児童発達支援事業所

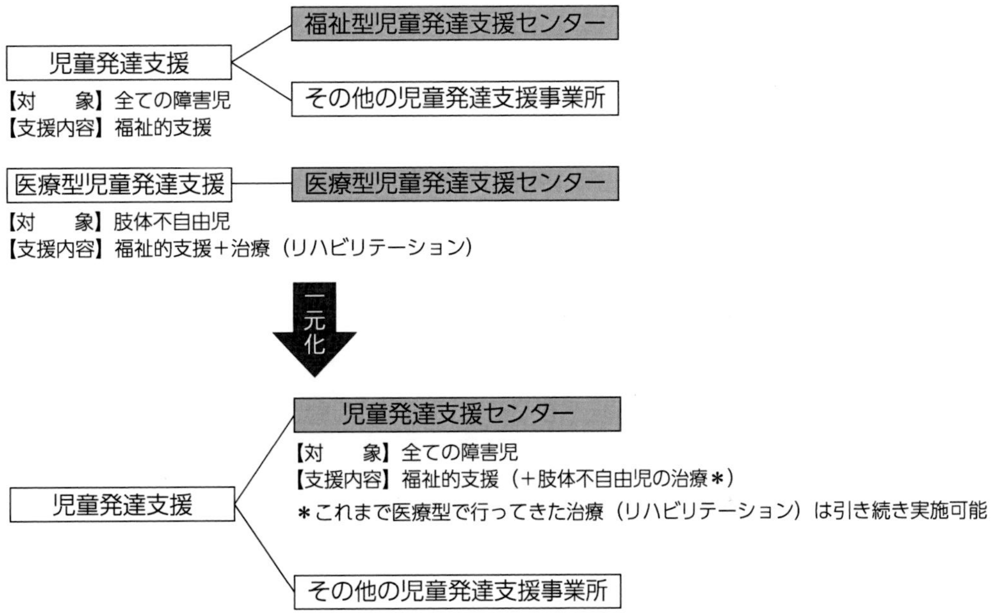

改正法：「児童福祉法等の一部を改正する法律」（令和4年法律第66号）
出所：こども家庭庁支援局障害児支援課 第1回こども家庭審議会障害児支援部会（2023年6月28日）「資料1：障害児支援施策について」p. 10

はじめに

　保育・福祉の仕事を志し、このテキストを開いてくださったあなたへ。

　保育士・幼稚園教諭の仕事は、保育所・福祉施設・幼稚園・認定こども園などで子どもや人と出会い、あなたらしさを生かしてその人を育み支え、共に生きる「喜び」と「やりがい」を得るすばらしい仕事です。また、保育士資格・幼稚園教諭免許を取得し、専門職として社会に出ることで、この先の人生の様々な時に応じて働き方を選び、長く活躍する可能性が拡がります。

　そのために、授業などによる「理論学習」と実践現場での数回の「実習」が必修の課題となり、実習準備に不安を感じる人がいるかもしれません。

　本書は、そんなみなさんが安心して一歩ずつステップを上り、長く活躍する力を獲得できるように、多くの先輩のこれまでの学びや事例をもとに、実習の事前・事後学習を大切にしています。

　子どもや利用者さんに寄り添い「質の高い保育・支援を実践する専門職」を目指し、「保育・福祉の道」を力強いステップで進んでいきましょう。

　　2020年4月

　　　　　　　　　　　　　　　　　　　　編著者　山本　美貴子

本書の特色

- ●この1冊に「保育所・施設・幼稚園実習」に必要な学習内容を網羅。4回の実習に必要な「学びのステップ」を順に進むように構成（実習スケジュールモデル p.10）。

- ●2年制養成校の多数の実習生の事例に基づき、長い期間をかけて改善と工夫を繰り返した実際のカリキュラムを土台に汎用化、実習の流れや学習内容を見開きページによりわかりやすく提示。

- ●2年制カリキュラムに応じているが、各実習・ステップを自由に組み替えて学ぶことが可能。

- ●第1部…実習の3つのステップ「実習前・事前学習」「実習中」「実習後・振り返り」と「実習の記録」のポイントを明記。すべての実習や保育者の成長にも共通する学びのプロセスを提示。

- 第2部…「はじめての実習」から「総仕上げとしての実習」の「4回の実習のステップ」を通じ、各「実習の3つのステップ」の前実習の「振り返り」が次実習の「課題に設定」につながるように構成。

- ●学生が主体的に学ぶことを目的に、講義・自己診断ワーク・事前面談・アクティブラーニングとしての共同授業など、様々な授業形態に対応。各章のQ&Aで学生の悩みに答える。

目　次

第1部　実習前・中・後のポイント

第1章　実習前のポイント

第2章　実習中のポイント

第3章　実習後のポイント

第2部　各実習のポイント

第1部

実習前・中・後のポイント

あなたの目指す保育者像は？

どんな人として、子どもとかかわる保育者に
なりたいですか

●実習前のイメージ

年　　月　　日

●授業や実習を通して

年　　月　　日

●授業や実習を通して

年　　月　　日

第1章
実習前のポイント

① 実習スケジュールモデル

図 1-1　2年間の実習スケジュールモデル

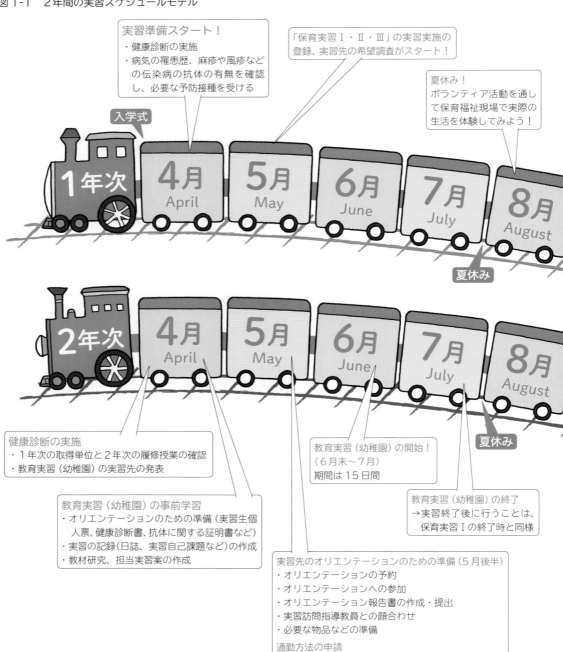

実習準備スタート！
・健康診断の実施
・病気の罹患歴、麻疹や風疹などの伝染病の抗体の有無を確認し、必要な予防接種を受ける

「保育実習Ⅰ・Ⅱ・Ⅲ」の実習実施の登録、実習先の希望調査がスタート！

夏休み！
ボランティア活動を通して保育福祉現場で実際の生活を体験してみよう！

入学式

1年次　4月 April　5月 May　6月 June　7月 July　8月 August

夏休み

2年次　4月 April　5月 May　6月 June　7月 July　8月 August

健康診断の実施
・1年次の取得単位と2年次の履修授業の確認
・教育実習（幼稚園）の実習先の発表

教育実習（幼稚園）の事前学習
・オリエンテーションのための準備（実習生個人票、健康診断書、抗体に関する証明書など）
・実習の記録（日誌、実習自己課題など）の作成
・教材研究、担当実習案の作成

教育実習（幼稚園）の開始！
（6月末〜7月）
期間は15日間

教育実習（幼稚園）の終了
→実習終了後に行うことは、保育実習Ⅰの終了時と同様

夏休み

実習先のオリエンテーションのための準備（5月後半）
・オリエンテーションの予約
・オリエンテーションへの参加
・オリエンテーション報告書の作成・提出
・実習訪問指導教員との顔合わせ
・必要な物品などの準備

通勤方法の申請

　実習は、教科書では学ぶことのできない実践を経験する貴重な学びの場・時間です。はじめて経験することなので不安や戸惑いもあると思いますが、早めに物心両面の準備をしましょう。しっかりとした準備が充実した実習を約束してくれます。まずは、どの時期にどの程度の期間、どのような実習を行うのかを確認しましょう。

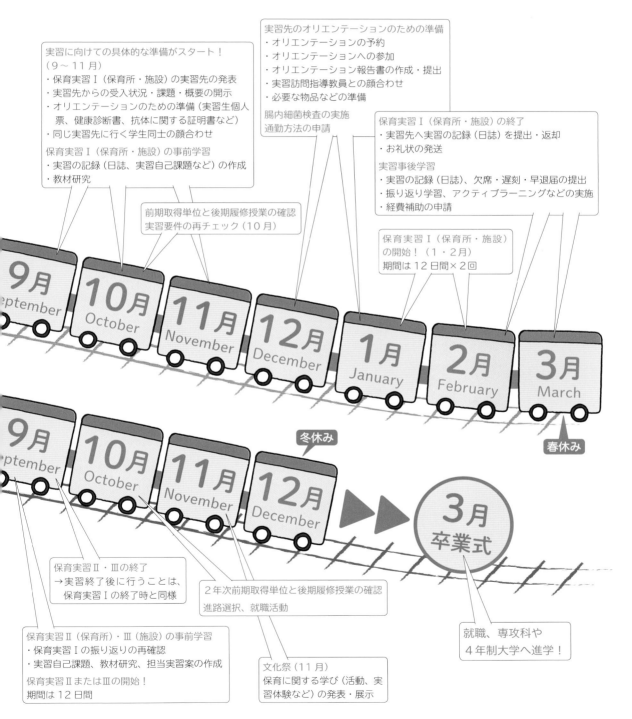

実習先のオリエンテーションのための準備
・オリエンテーションの予約
・オリエンテーションへの参加
・オリエンテーション報告書の作成・提出
・実習訪問指導教員との顔合わせ
・必要な物品などの準備

腸内細菌検査の実施
通勤方法の申請

実習に向けての具体的な準備がスタート！
（9〜11月）
・保育実習Ⅰ（保育所・施設）の実習先の発表
・実習先からの受入状況・課題・概要の開示
・オリエンテーションのための準備（実習生個人
　票、健康診断書、抗体に関する証明書など）
・同じ実習先に行く学生同士の顔合わせ

保育実習Ⅰ（保育所・施設）の事前学習
・実習の記録（日誌、実習自己課題など）の作成
・教材研究

保育実習Ⅰ（保育所・施設）の終了
・実習先へ実習の記録（日誌）を提出・返却
・お礼状の発送

実習事後学習
・実習の記録（日誌）、欠席・遅刻・早退届の提出
・振り返り学習、アクティブラーニングなどの実施
・経費補助の申請

前期取得単位と後期履修授業の確認
実習要件の再チェック（10月）

保育実習Ⅰ（保育所・施設）
の開始！（1・2月）
期間は12日間×2回

9月 eptember

10月 October

11月 November

12月 December

1月 January

2月 February

3月 March

冬休み

春休み

9月 eptember

10月 October

11月 November

12月 December

3月 卒業式

保育実習Ⅱ・Ⅲの終了
→実習終了後に行うことは、
　保育実習Ⅰの終了時と同様

2年次前期取得単位と後期履修授業の確認
進路選択、就職活動

保育実習Ⅱ（保育所）・Ⅲ（施設）の事前学習
・保育実習Ⅰの振り返りの再確認
・実習自己課題、教材研究、担当実習案の作成

保育実習ⅡまたはⅢの開始！
期間は12日間

文化祭（11月）
保育に関する学び（活動、実
習体験など）の発表・展示

就職、専攻科や
4年制大学へ進学！

② 実習の心構えと誓約

① どうして実習が必要なのでしょうか

　みなさんがこれから取得しようとしている保育士資格と幼稚園教諭免許は、専門性の高い資格・免許です。そのため、養成校での「資格に必要な科目」の履修による「理論や知識」と、実習を通じての「現場での実践的な学び」が必要です。

図1-2　保育士資格と幼稚園教諭免許の取得のための学び

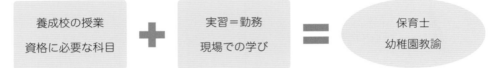

　保育者になるためには、子どもの育ちに寄り添う大人として、子どものモデルになることや、子ども・子どもの保護者から信頼を得ることが大切です。**日々の生活のなかで信頼される人になれるよう心がけましょう。**

　そのためには、まず基本となる健康管理や体力増強、社会人としてのマナーである服装や言葉遣いを日頃から気をつけましょう。

② 実習の実施を誓約する意味

❶実習を実施するには、実習する意欲を表明して、下記について誓約しなければなりません。

❷実習に関するあらゆるルールを守り、養成校や実習先の指示や指導に従うことはできますか。また、資格・免許取得の強い意志をもって事前学習に励み、実習を最後までやり遂げられるよう、最善の努力をすることができますか。実習期間中には、特に自己の心身の健康に留意し、子ども（利用者）に影響を与える健康状態である場合は出勤を控え、治療・回復に努められますか。実習に対するこのような決意があるか、ルールを守ることができるかをよく考えてみましょう。

❸基本的には、誓約したものを取り消すことはできません。

❹実習は、学生を受け入れる実習先（保育所・施設・幼稚園）と養成校との協力関係や信頼関係に基づいて行われています。実習先では、多忙な日々の実践のなかでも、資格・免許の取得を希望する学生を受け入れ、指導してくださっています。そのため、実習を行うにあたっては、**謙虚に学ぶ姿勢と、事前準備から現場での勤務、事後学習まで一連**

の実習をやり遂げる意志と責任感をもって臨むことが必要とされ、その意志があるかを自身で再度確認して誓約する必要があります。

③資格取得ために必要とされるもの

●学外実習

保育士資格、幼稚園教諭二種免許を取得するためには、表1-1の4種類の学外実習を行います。なお、選択できる実習先や必要とされる実習日数・時間数はそれぞれの養成校で異なりますので実習規定などでしっかりと確認しましょう。

表1-1　実習科目名と実習先

科目名	実習先	実習日数・時間数	対応する資格・免許
保育実習Ⅰ（保育所）	認可保育所 認定こども園（保育所型）	12日間以上 90時間以上	保育士資格
保育実習Ⅰ（施設）	乳児院 児童養護施設 母子生活支援施設 障害児入所施設 児童発達支援センター 障害者支援施設 児童相談所 児童館　等	12日間以上 90時間以上	
保育実習Ⅱ（保育所）＊	認可保育所 認定こども園（保育所型）	12日間以上 90時間以上	
保育実習Ⅲ（施設）＊	児童発達支援センター　等	12日間以上 90時間以上	
教育実習（幼稚園）	公認幼稚園 認定こども園 （幼稚園型／幼保連携型）	15日間・120時間程度	幼稚園教諭二種免許

＊2回目の保育実習は、保育実習Ⅱ（保育所）か保育実習Ⅲ（施設）を選択します。

●実習指導授業

実習指導授業は、実習の事前学習・準備、実習後の振り返りを行う大切な授業です。そのため基本的に欠席は認められません。やむを得ない理由によって欠席した場合は、授業出席と同等の効果が得られるように、実習担当教員の指示を仰ぎ、補習を行ってください。ただし、補習は出席日数には含まれません。なお、「保育実習指導Ⅰ」「保育実習指導Ⅱ」「教育実習指導」のそれぞれの授業の出席回数が3分の2を下回る場合は、単位を認定できません。また、それぞれの実習開始までに、対応している実習授業について、開講回数の3分の2以上の出席がない場合は実習を行うことができないなどのルールがあります。

授業形態は、クラス単位、1・2年生の共同授業、実習先別など、授業内容によって異なります。

③ 実習サポートセンターの役割

①実習に関する指導とサポート

●実習サポートセンターの活用

実習を行うにあたり、様々な手続きが必要となります。また、実習授業を受講するなかで、疑問や不安に思うことがあるでしょう。

養成校には、実習生が実習を円滑に進めることができるようサポートするための実習サポートセンターがあります（養成校によっては、実習支援室、実習指導室と呼ばれています）。

実習サポートセンターは、事務室と資料閲覧室が併合されている場所です。事務的な手続きだけでなく、実習に関する質問ができたり、実習先の資料や過去に実習生に行ったアンケートなども閲覧したりすることができます。

●資料の閲覧について

実習サポートセンターには、実習先の資料や関連資料が保管されている資料閲覧室があります。開室中は、実習生が自由に出入りして実習について調べることができます。資料などの閲覧はできますが、持ち出しや貸し出しは不可です。また、著作権やプライバシーの保護のため、携帯電話・スマートフォンのカメラなどでの撮影は厳禁です。

●実習に関連する事務手続き

実習生の学外実習に関係する諸手続きとして、実習先への受け入れ依頼、実習先の決定、実習に必要な書類の手配、実習に関する書類の送付、実習指導授業の資料作成などの事務を行っています。また、実習先との連絡窓口でもあり、実習先からの伝達事項やトラブルへの電話対応も行っています。わからないことは遠慮なく質問して、問題を解決して実習に備えていきましょう。

●呼び出し・連絡

実習に関係する連絡事項などで個別に呼び出される場合があるため、掲示板などを毎日確認してください。また、緊急の場合には携帯電話に連絡することもあるため、その場合は速やかに対応することが求められます。

②実習先の依頼と配属

実習先の依頼方法は2種類あります。1つめは養成校が今まで実習を受け入れてもらっている実習先に配属を依頼する方法、2つめは通うことのできる実習先を実習生が自分で探してアポイントメントを取る方法です。

　実習先の配属に関しては、実習生自身が実習先の希望を提出し、その希望のなかから実習配属先を決定します。養成校によっては、実習生の通勤の便などを考慮して配属先が決められることもあります。

③実習内容の共有と連携

　養成校と実習先は連絡を取り合い、長期にわたり実習の受け入れのための準備をしています。つまり、養成校は、実習生がよりよい状況で実習を迎えることができるように実習先と実習内容を共有し、より質の高い実習を保つことができるように実習についての連絡会を行ったりして、連携を図っているのです。

●資料の持ち出し・貸し出しは不可

受付

●資料の撮影やコピーは厳禁

実習サポートセンターでは、ルールを守って資料をおおいに活用しましょう。

④ 実習先の選択・登録

　実習への意志を確認して誓約しただけでは実習を行うことはできません。まず、実習先を自分で選ぶことから始まり、その後、実習を実施するための登録をしていきます。

①実習先を選択するポイント

　みなさんは実習先をどのように選択しますか。「興味がある」＝「実習してみたい」と思える実習先を考えることは、自分の保育観を見つめることであり、実習に対する意欲の向上につながります。

　「子ども（利用者）と○○なかかわりを大切にしているところで実習をしたい」「子ども（利用者）とこんな活動をしたい」「この実習先の理念・方針の○○が共感できる」「自分が目指している保育が実践されているから見てみたい」「この実習先なら自分の○○を生かすことができそう」など、まずは自分自身で考えてみましょう。

　なかなか思いつかない場合は、友だちと話してみたり、先輩に相談するのもよいでしょう。すると、人それぞれ考え方や捉え方が違うことに気づき、自分は実習でどのような点を重視したいかが見えてきます。

　実習施設に関しては多くの種別があります。種別により、かかわる人の年齢層なども異なるので、よく考えて選択しましょう。たとえば、保育所や幼稚園に就職すると障がいのある子どもに出会うこともあります。そのため、障がい児の施設もよいかもしれません。また、成人の障がい者の施設で実習することは、障がいのある子どもたちが成長した姿まで考えることができる学びになると思います。児童養護施設への就職を希望している場合、もちろん児童養護施設で実習するのもよいですが、その前段階の乳児院で子どもがどのような生活を送り、職員と愛着関係を築いているかを学ぶために、乳児院を選択するのもよいでしょう。このように自分の今後の目指すところやその施設の特性に合わせて実習施設の種別を考えましょう。

　みなさんが悩んだり考えたりすることは決して無駄ではなく、就職先を考える時や将来にも役立つことなので、この機会にしっかり取り組んでみましょう。

②実習先を選択する際に注意するポイント

　自分が実習したいと思う実習先で必ず実習できるわけではありません。実習先の選択時の留意事項を確認しましょう。

実習先選択の留意事項

・実習先は、自宅から公共交通機関を使って通うことができる距離にありますか（施設実習については施設近隣に宿泊して実習を行う場合があるので確認が必要です）。

・実習先は、厚生労働省や文部科学省から認可されていますか。

・子どもや家族の個人情報保護、学生の気持ちの切り替え、様々な保育方法を知るという観点から、自宅の近く（同一小学校区域内・徒歩 20 分圏内）であったり、家族などごく親しい人が保育者・職員・園児として所属していたり、定期的なボランティア活動やアルバイト経験のある保育所・施設・幼稚園での実習は認められません。

・児童養護施設や母子生活支援施設を希望する場合は、子どもや家族の個人情報保護の観点などから、「自宅の最寄駅から 3 駅以内」「在学していた高校地区内」「アルバイト先の近辺」の施設での実習はできません。

③通勤方法

　実習先への通勤手段は、原則として公共交通機関または徒歩のみです。その他の通勤方法を希望する場合、実習先や養成校へ事前に伝えて許可を得る必要があります。許可を得ていない方法での通勤は実習先に迷惑をかけるだけでなく、通勤時に事故があった場合の補償にもかかわることなので注意しましょう。

④実習先の調べ方

　まずは、市（区）役所・地方自治体や保育所・施設のホームページを見てみましょう。その際、実習先の所在地やアクセス方法、実習開始時間に合わせた公共交通機関の時刻を調べるとよいでしょう。また、心配な場合は、実際の通勤経路を使って実習先を下見に行くとよいと思います。

　養成校によっては、先輩たちの実習後アンケートや実習先の資料・パンフレットなどがあるので有効活用しましょう（本章③ p.14 を参照）。実習先について**調べる作業は時間がかかるので、速やかに取り組むようにしましょう。**

⑤登録する

　実習を実施するためには、正式な届けを提出することが必要です。届けを提出することでようやく登録を完了することになるのです。そして、その登録をもとに実習先が決定されていきます。実習する意志があっても、登録を完了しなければ実習を行うことができなくなってしまいます。締め切り間際に書類を提出することのないよう、早めに準備を整えるようにしましょう。

⑤ 実習前の必要な検査

①健康診断

　実習生を迎え入れるにあたり、実習先は実習生の健康状態を把握しておく必要があります。そのため、実習生は実習先に健康診断書を提出することになります。健康診断書は養成校で春頃に行われている健康診断の結果をもとに発行できますので、必ず健康診断を受けましょう。実習先によっては、養成校で受けた健康診断以外にも検査しなければならない項目があるので注意が必要です。

②抗体や予防接種の確認
●罹患歴と予防接種記録

　実習では、多くの人々とかかわるため、実習生自身が病気に感染しないようにする必要があります。実習先の乳幼児、障がいや持病のある人を含む利用者の健康を守るためには、実習生が感染源となることや、病気を持ち込むことは避けなければなりません。場合によっては命にかかわる深刻な事態になることがあるからです。特に麻疹（はしか）は重症化する可能性があります。また、風疹（三日はしか）は妊婦に感染するとお腹の赤ちゃんに影響を及ぼします。そのため、実習前に自分の罹患歴（感染した経験）と予防接種記録を、母子手帳などを参照して確認する必要があります（表 1-2）。また、実習先によっては、伝染病の既往歴の証明書や予防接種証明書を提出したり、新たに予防接種を受ける必要がある場合もあります。冬期の実習の際には、なるべくインフルエンザの予防接種を受けましょう。

③腸内細菌検査

　保育所ならびに施設の実習では、感染症に対して抵抗力の弱い乳幼児に接したり、食事の提供に関する援助および指導を行うため、各施設の保健・衛生管理上、健康診断のほかに腸内細菌検査（赤痢菌・サルモネラ・病原性大腸菌 O-157 検査）を行う必要があります。提出期限を守り、検査容器に添付された依頼方法に従って各自で検査機関に郵送のうえ、検査結果を受け取ります。検査報告書は再発行できない重要書類であるため、紛失しないように十分注意してください。なお、すべての検査項目に「陰性」の結果が出るまでは、実習を開始できません。

表 1-2　罹患歴と予防接種記録チェック表

疾患名	病気に罹ったかどうかの有無と罹った時期（暦年）	ワクチン名	ワクチン接種の有無と接種した時期（暦年）
結　核	有（　　　　）年頃・無・不明	ＢＣＧ	有（合計 1 回：　　　　）年頃・未接種・不明
麻　疹（はしか）	有（　　　　）年頃・無・不明	麻疹（M）ワクチン ＭＲ（麻疹・風疹）ワクチン ＭＭＲ（麻疹・流行性耳下腺炎・風疹）ワクチン ※M：麻疹　M：流行性耳下腺炎　R：風疹	有（合計 2 回：　　　、　　　）年頃・未接種・不明
風　疹（三日はしか）	有（　　　　）年頃・無・不明	風疹（R）ワクチン ＭＲ（麻疹・風疹）ワクチン ＭＭＲ（麻疹・風疹・流行性耳下腺炎）ワクチン	有（合計 2 回：　　　、　　　）年頃・未接種・不明
おたふくかぜ（流行性耳下腺炎）	有（　　　　）年頃・無・不明	流行性耳下腺炎（M）ワクチン ＭＭＲ（麻疹・風疹・流行性耳下腺炎）ワクチン	有（合計 2 回：　　　、　　　）年頃・未接種・不明
ジフテリア	有（　　　　）年頃・無・不明	ジフテリア（D）ワクチン ＤＴ（ジフテリア・破傷風）ワクチン ＤＰＴ（ジフテリア・百日咳・破傷風）ワクチン ※D：ジフテリア　P：百日咳　T：破傷風	有（合計 4 回：　　、　　、　　、　　）年頃・未接種・不明
百日咳	有（　　　　）年頃・無・不明	百日咳（P）ワクチン ＤＴ（ジフテリア・破傷風）ワクチン ＤＰＴ（ジフテリア・百日咳・破傷風）ワクチン	有（合計 4 回：　　、　　、　　、　　）年頃・未接種・不明
破傷風	有（　　　　）年頃・無・不明	破傷風（T）ワクチン ＤＴ（ジフテリア・破傷風）ワクチン ＤＰＴ（ジフテリア・百日咳・破傷風）ワクチン	有（合計 4 回：　　、　　、　　、　　）年頃・未接種・不明
水　痘（みずぼうそう）	有（　　　　）年頃・無・不明	水痘ワクチン	有（合計 1 回：　　　　）年頃・未接種・不明
ポリオ	有（　　　　）年頃・無・不明	生ポリオ（ＯＰＶ）ワクチン ※ＯＰＶワクチンは 2012 年に中止となり、代わりにＩＰＶ（不活化ポリオ）ワクチンへ変更	有（合計 2 回：　　　、　　　）年頃・未接種・不明
日本脳炎	有（　　　　）年頃・無・不明	日本脳炎ワクチン	有（　　　　）年頃・未接種・不明
その他	有（　　　　）年頃・無・不明		有（　　　　）年頃・未接種・不明

④健康状態のチェック

　保育者として自身の健康状態を把握し、健康管理に努めることは大切なことです。実習生は原則として健康でなければ実習を行うことはできません。実習するにあたり、**自身の健康を増進していく努力を怠らないようにしましょう**。実習を円滑に進めるために、健康状態によっては既往歴や現在の症状、治療中であればその経過などを実習先に伝えなければならないことがあります。持病などがある場合は、実習担当教員や実習サポートセンターに相談しましょう。また、定期的な通院が必要で、実習を欠席する必要がある場合は申し出ましょう（例：1 か月に 1 回、土曜日に通院など）。

表 1-3　健康状態チェック表

日常生活に困難をきたす症状があれば□にチェックしましょう		
□生理痛	□アレルギー性皮膚炎（アトピー）	□喘息以外の発作：（　　　　　）
□頭痛	□食物アレルギー（食品名・状況）	□過呼吸
□腰痛	□花粉症（鼻・耳・目・熱）	□その他の疾患：（　　　　　）
□喘息の発作	□その他のアレルギー：（　　　　　　）	

⑥ 実習先のオリエンテーション

　実習準備の事前学習として、オリエンテーションがあります。オリエンテーションは実習先に事前訪問し、実習指導担当者と実習中の注意事項の確認や細かい打ち合わせを行うものです。オリエンテーションに参加することにより、実習内容を具体的に理解し、実習で学びたいことが明確になります。

①実習先のオリエンテーション

　実習を行う約1か月前に、実習先でオリエンテーションをしていただきましょう。オリエンテーションに参加することで、**実習前に必要な準備が明確になり**、疑問点なども**直接実習先に聞く**ことができます。また、実習先の雰囲気や実際に配属されるクラスや場所を知ることもできます。実習先によっては事前に課題が出題されることもあります。

②オリエンテーションのための電話連絡のポイント

　実習先にオリエンテーションの予約をするためには、電話でアポイントメントを取る必要があります。電話をかけるための準備と電話のかけ方を確認していきましょう。

●ステップ1：実習先の基本情報の把握

　実習先のホームページや実習サポートセンターの資料などを閲覧して、実習先の基本情報を得ましょう。

> **実習先の基本情報**
> ①実習先の所在地と自宅からの交通手段
> ②園長名・施設長名など
> ③保育所・幼稚園の場合は園の保育方針、保育の特色、設備など、
> 　施設の場合は実習先の種別の特徴、施設の理念や支援方針、
> 　施設の特色など
> ④実習先の職員体制、園児や利用者の数など
> ⑤実習生の受け入れ条件の確認

●ステップ2：オリエンテーションのアポイントメントを取る

　養成校で指示された期間内に各自で実習先に連絡をとり、オリエンテーションの日時の指示を受けます。

> ①実習先に迷惑にならない時間を選び、各自で電話をかけ、日時を調整する（原則として実習先から指定された日時に合わせること。ただし、試験期間に重なってしまった場合は、事情を説明したうえで日程変更を丁寧にお願いすること）。
>
> ②複数の実習生が同じ実習先である場合は、全員の予定を調整のうえ、代表者が電話をかける。電話の際は全員がその場にいるようにする。電話をかける時は、静かで電波状態がよく、メモの取れる場所を選ぶようにする。

　アポイントメントのための大切な電話です。要件は必ずメモを取るようにします。

①実習期間・養成校名・氏名を伝え、実習指導担当者につないでいただく。

> 「○月○日から○○実習でお世話になります○○大学○○学科○年の○○と申します」「恐れ入りますが、（保育所・幼稚園の場合は「園長先生」か「実習担当の先生」を、施設の場合は「実習担当の方」）をお願いいたします」

②実習指導担当者に実習でお世話になることを改めて伝え、挨拶をして要件を話す。

> 「はじめまして、○○実習でお世話になります○○大学○○学科○年の○○と申します」

③オリエンテーションの日程を相談し、持ち物や提出物の有無を確認する。

> 「オリエンテーションをお願いしたいのですが、いつお伺いしたらよろしいでしょうか」

④訪問場所と担当者をたずねる（実習先の所在地や交通手段については事前に調べるが、わからない場合は確認する）。

> 「訪問する場所は○○でよろしいでしょうか？ オリエンテーションのご担当の方のお名前を教えてください」

⑤確認のためにオリエンテーション日時を復唱し、お礼を述べる。

> 「では、○月○日○時に、○○と○○（複数名の場合、実習生全員の氏名を伝える）でお伺いいたしますので、よろしくお願いいたします。お忙しいところありがとうございました」

⑥電話は先方が切ったことを確認してから切るようにする。

※普段よりも明るく聞き取りやすい声で、丁寧に、ゆっくり話すことを心がけてください。

③オリエンテーション時の提出物

　オリエンテーション時に提出する書類についても確認しておきましょう。養成校によって内容が異なります。

オリエンテーション時の提出物の一例

・実習生個人票
・秘密保持に関する誓約書
・健康診断証明書（麻疹・風疹の抗体結果等を含む）
・実習生の健康面についての書類
　＊上記の書類は実習終了時に実習先から返却してもらいます

④オリエンテーション時に実習先に確認すること

　オリエンテーションにうかがう前に、実習先について各自で事前に調べられることを調べておきます。そのうえでわからない点などがあれば、オリエンテーション時に確認します。聞きもれがないように、メモなどに記載しておきましょう。

　また、オリエンテーション時は時間に余裕をもって家を出ましょう。通勤時の交通機関の確認も行います。自宅から実習先に着くまでの時間を計り、経路を確認しておきましょう。

オリエンテーション時に確認する内容の例

①実習先の概要について調べられなかった点の確認
　（実習先の理念・方針、地域の特性、物理的な配置、園舎や園庭・保育室の位置・モノの配置等、
　クラス分けの形態と園児数、保育者や職員による業務分担の状況）
②実習期間と時間の確認
　・実習スケジュール（行事予定等）　　・実習期間中の配属先（クラス等）
　・部分実習や責任実習の配属先（クラス等）、日時や時間、指導案の提出
　・一日の流れ
③実習に際しての「実習自己課題」の提示と説明　＊助言をいただきましょう
④実習前の課題（レポート、課題曲等）
⑤実習に関する留意事項
　・実習期間中の持ち物　　・実習記録の受け渡しの方法や期日
　・通勤時の服装の指定がないか　　・実習中の服装の指定がないか
　・名札やエプロンなどに指定がないか

⑤巡回担当教員との面談

　実習期間中に実習先を訪問する巡回担当教員に、実習先までの経路なども含め、オリエンテーションの内容についてまとめた「オリエンテーション報告書」を提出しましょう。

　巡回担当教員との面談では、実習に行く前に実習先について理解できているか、実習の準備ができているかを確認します。面談で他者に話すことで、自身の進捗状況が明らかになり、事前準備の必要な点が見えてきます。

　また、実習前に不安や悩みを抱えている場合には、面談を通じて巡回担当教員に伝えるとよいでしょう。

表1-4　オリエンテーション報告書（保育実習Ⅰ［保育所］）

実習生情報	学籍番号　　　　グループ　　　授業区分	ふりがな 氏名	
	自宅電話番号（緊急時連絡先）	携帯番号	
	保育実習Ⅱ（9月）　　　保育実習Ⅰ 実習先を〇で囲む　　（保育所）同園　・　（　　市）公立保育園・児童発達支援センター		
	同園配属者　学籍番号 　　　　　　氏名（ふりがな）　　グループ		
	特記事項	実習中に配慮を お願いしていること	
実習先情報	法人名 園名	卒園 はい・いいえ	実習担当者名
	〒 所在地	電話番号	

実習先から短大・巡回教員への伝達事項
質問されたこと

実習先まで の道のり ※巡回担当教員が最寄りの交通機関から実習先までを行く道のりを詳しく解説する	又は	線　　　　駅　□ぐち　徒歩　　分・バス　　分／合計　　分 線　　　　駅　□ぐち　徒歩　　分・バス　　分／合計　　分
	最寄り駅からバスを利用する場合	
	番バス乗り場より「　　　」行き　乗車時間　分、「　　　バス停下車」徒歩　　分	

【地図】
最寄り駅・バス停→実習先の道順・所要時間を明記。添付可、曲がり角の目印・道幅・入口等をていねいに解説

実習先情報	園名	オリエンテーション 実施日時　　　月　　日（　）　　時	
	オリエンテーション 担当者名　　　役職　　　お名前		
実習の日程・内容	実際の実習期間　　月　日（　）〜　　月　日（　）	実習日数　日間
	実習期間中の行事等の日程 誕生日会・遠足・保護者会・検診等	
	実習訪問が実施できない日 （実習生の休日等）	
	実習の流れや配属クラス	
	担当実習の予定 （部分、責任・全日等）	
	持ち物・提出課題等	

その他・実習の心構え・特に注意すること等

あなたの実習自己課題

オリエンテーション後・園内の見学・子どもの様子から感じたこと

実習直前に思うこと（意気込み・楽しみなこと、不安・心配なこと等）

［右側注記］
自宅に固定電話がなければ保証人の携帯番号を記入する。
健康面に関する書類を提出した学生のみ記入する。
アポ連絡の時間帯や訪問時間帯の指定等がある場合。
手書きまたは地図の添付可。わかりやすさを第一に！
担当者の名前は漢字で聞き取るとよい。
巡回担当教員が指導する際に有益となる情報のため、聞きたい質問があれば個別に質問する。
授業で設定した実習自己課題や率直な意見を記入する。

23

⑦ マナーと服装

①はじめの一歩、マナーとモラルは大丈夫ですか？

　実習やボランティア活動は、学生という立場を超えて、社会人としてのマナーやモラルを求められます。小学校から現在までの学校生活・家庭生活で学んだ知恵と礼儀を総動員して、「保育・福祉の専門職を目指す、責任ある大人」として行動してください。具体的な注意点は多岐にわたりますが、特に注意する点を下記にあげます。

◆礼儀と敬意を忘れずに
＊「とりあえず…」ではなく、真心を込め、丁寧に、誠実に、最後まで行いましょう。
＊「させていただく」立場です。「やらせてください」「ご迷惑でなければやりたいです」と謙虚な言葉遣いを忘れずに。
＊たとえ、先生や施設利用者がフレンドリーに接してくださっても、実習生としての礼儀を忘れないこと。相手が大人・子どもにかかわらず、親しみを表すこととなれなれしくすることの違いを意識し、きちんとした敬語を使いましょう。

◆挨拶と言葉遣いから相手はあなたを判断します
＊相手に聞こえるように大きな声ではっきりと、自分から挨拶をしましょう！「よろしくお願いします」「ありがとうございます」が大切です。
＊正しい挨拶の言葉を使いましょう。昼食後に「おはようございます」などと言っていませんか。日ごろから、子どもの模範になる挨拶を心がけてください。

◆社会のルール・マナーを守りましょう
＊スマートフォンの使用・禁酒禁煙などの社会的常識・ルールを必ず守りましょう。
＊飲食の作法・立ち方や座り方・ゴミの始末・細かい単純作業も、子どもたちのお手本になるように一生懸命行いましょう。
＊部屋や物を使った後は、可能な限り元どおりに戻すなど、生活されている普段の状況を荒らさないように気をつかいましょう。

◆報告・連絡・相談を省略しない
＊こまめな報告・連絡・相談によって信頼関係が築かれます。聞かれる前に、こちらから伝えましょう。
＊わからないこと・不安なことをそのままにせず、しっかり質問・報告しましょう。
＊安全管理・危険防止など、資格をもたない実習生・ボランティアには果たせない役割があります。利用者や子どもの様子について、細かいこともしっかりと報告しましょう。
＊相手の状況・ちょうどよいタイミングを計ることは難しいですが、「今、質問してもよろしいですか？」「今、少しうかがっても大丈夫ですか？」の一言が大切です。

②実習などの服装例と注意点

　清潔感のある動きやすい服装を心がけましょう。実習先により様々なルールがあります。下記の例を参考にオリエンテーションで具体的に指示を仰ぎ、実習先のルールに従いましょう。また、ボランティアなども同様の身なりで臨みましょう。

❶実習中の服装

- 髪は清潔にする。どの角度からも表情が見え、顔が隠れないようにする
- かがみ込んだ時、子どもに髪が触れないようにする
- 髪を結ぶときは低い位置できっちりと結ぶ（顔の周囲に髪をたらさない）
- 危険防止のためヘアピンは禁止
- 危険防止のためピアス・指輪・ネックレスなどのアクセサリーは男女ともにすべて禁止
- 清潔感のあるナチュラルメイクにする
- つけまつ毛は禁止

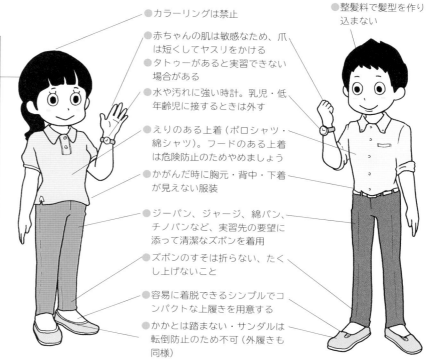

- カラーリングは禁止
- 赤ちゃんの肌は敏感なため、爪は短くしてヤスリをかける
- タトゥーがあると実習できない場合がある
- 水や汚れに強い時計。乳児・低年齢児に接するときは外す
- えりのある上着（ポロシャツ・綿シャツ）。フードのある上着は危険防止のためやめましょう
- かがんだ時に胸元・背中・下着が見えない服装
- ジーパン、ジャージ、綿パン、チノパンなど、実習先の要望に添って清潔なズボンを着用
- ズボンのすそは折らない、たくし上げないこと
- 容易に着脱できるシンプルでコンパクトな上履きを用意する
- かかとは踏まない・サンダルは転倒防止のため不可（外履きも同様）
- 整髪料で髪型を作り込まない

❷エプロン・名札

- エプロンは派手すぎず地味すぎず
- キャラクター禁止の実習先もありますので注意しましょう

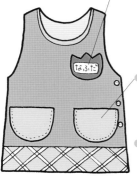

- 名札は子どもが読めるようにひらがなで書く
- 安全ピンは危険防止のため使用不可の場合がある。その場合、ぬい付ける、マジックテープやボタンで留めるなどして付ける
- ティッシュ、タオル、ばんそうこうなどを入れるポケットがあると便利です
- 汚れることもありますので、洗い替えを用意しましょう

❸オリエンテーション

- 髪型は実習中の注意点と同様
- シャツのボタンを開けない
- ネクタイをきちんと結ぶ
- スカートの丈は短すぎないように
- 素足禁止
- 黒い革靴
- オリエンテーションや提出・受け取りなどの訪問にはスーツ着用が基本です。実習の通勤時は、スーツの着用が指定される場合と禁止される場合があるので確認が必要です。

⑧ ボランティア活動を通して学ぶ

　ボランティア活動をすることで自分の知らない世界を知ることができ、刺激を受け、視野が広がったりすることもあります。この機会に一度ボランティア活動をしてみるとよいでしょう。ボランティア活動を始めるには、自分がどのようなボランティア活動をしてみたいのか、自分に合うボランティア活動は何かを見つけることからスタートします。

①ボランティアの意義
　ボランティアは、自分のもっている力を他者や社会のために役立てる活動のことをいい、「自発性」「非営利性（無償性）」「公共性（福祉性）」の3つの特性があります。

自発性	非営利性（無償性）	公共性（福祉性）
誰かに強制されるものではなく、自分から「やろう」という志（こころざし）のことです。	目的が金銭的な収入を得ることではなく、活動を通して得られたことが報酬だと考えましょう。	自己満足ではなく、援助を必要とする人々の必要に応じた活動をし、地域社会の利益を追求することです。

②ボランティア活動を通して学ぶ
　実際にボランティア活動を始めてみると、そこでの人との出会いや思わぬ発見があり、行ってみたらおもしろかったという話を聞きます。継続した場合には、自身の気持ちの変化に気づくこともあるでしょう。また、活動をすることで他者とのコミュニケーション能力も身につきます。実習は学ぶべき課題や実習生として求められることも多いですが、ボランティアの場合は専門的な知識がなくても活動することができます。

●ステップ1：情報を集めて、ボランティアを探す（自己開拓）

①掲示板などで養成校に送られてくるボランティア情報をみる

②インターネットなどで調べる
　代表的なサイト…各都道府県や市の社会福祉協議会（ボランティアセンター）

③その他
・市の「社会福祉協議会」を訪ねてボランティアに関する情報を集める。
・市の広報やタウン情報誌などの記事から探す。
・自分の出身幼稚園や保育所に問い合わせる。
・近隣の施設などに直接問い合わせる。
・先輩・友人・知人に聞く。

●ステップ 2：ボランティア先に依頼の電話をする

　基本は、学生からボランティア先に直接連絡をします。複
数名を受け入れているボランティア先においては、希望学生
一人ひとりが依頼の連絡を入れるのではなく、代表者 1 名が
依頼の連絡を入れるという場合があります。そのような指示
があるかどうか事前に確認しておきましょう。

　ボランティア活動をするにあたって、「腸内細菌検査報告
書」「養成校からの紹介状」などの書類を求められることがあります。

●ステップ 3：「ボランティア活動届」を養成校に提出する（加入保険の確認）

　学生が在学中に学内・学外で行う活動については、「学生教育研究災害傷害保険」と「学生教育研究
賠償責任保険」が適用されます。

　ボランティア活動中や実習中の事故・ケガや先方に与えた損害なども、これらの保険の対象となり
ます。保険が適用されるためには、ボランティア活動届が事前に提出されていなくてはなりません。
そのため、ボランティア活動を行う前に「ボランティア活動届」を必ず提出しましょう。また活動中に
事故やケガをした場合や先方に損害を与えた場合は、速やかに養成校に連絡し、指示を受けましょう。

③注意すること

　ボランティア先からの指導や注意事項（活動中の服装、挨拶や言葉遣い、個人情報の扱い
など）を守り、責任ある行動を心がけ、常に報告・連絡・相談（ホウレンソウ）を忘れずに
行動してください。一度引き受けたら、自分で責任をもって行動しましょう。万が一、急に
都合が悪くなって約束した責任を果たせない時は、必ずボランティア先に連絡しましょう。

Q&A　【 実習前の準備 】

Q1. 通勤するには遠いですが、実習先としてとても魅力的な園があります。がんばれば通えますか？

A1. 小さな失敗や実習先からの注意を前向きにとらえ、元気に実習を行うために、通勤時間は往復で1時間半程度を目安に、適切な通勤時間の範囲で実習先を選択することをおすすめします。

　実習は早番遅番がありますし、天候による交通機関の遅延のリスクもあります。また、実習は開始30分前には実習先に到着している必要があります。帰宅後も食事・入浴・翌日の準備に加え、慣れないうちは日誌の作成に数時間かかることもあり、睡眠時間も少なくなります。実習中はただでさえ時間に追われた生活になるものです。遠距離通勤は想像以上に負担が大きいと考えてください。

Q2. 風邪をひきやすいので、実習中に欠席・遅刻・早退しないか心配です。

A2. はじめての環境のなかで緊張しながら、朝早くから普段より中身の濃い生活をするため、体調を崩しやすくなります。今から、朝型のリズムで規則正しい食生活と睡眠を心がけ、一駅分歩くなど運動することが効果的です。また、風邪などの感染症にかかりやすくなります。手洗いやうがいの習慣をつけ、インフルエンザの予防接種を受けるなどの対策をしましょう。

Q3. 実習が始まる前に、今から準備することをいくつか教えてください。

A3. これまでの授業で学んだ「あそび・ゲーム」「手あそび・うた」「絵本・紙芝居」「製作」などの資料や材料を整理したり、友だちと実演してみたりして、すぐに実践できるように準備しましょう。新しく探さなくても、実はみなさんは実習で試すことができる知識や保育技術をたくさん学んでいますよ。季節や実習先の生活・配属クラスに合わせて応用し、自由な遊びの中で子どもに提案したり、部分実習などでぜひ実践してみてください。

Q4. 子どもの発達過程・障がいの状況などによって、何か工夫をすることができますか？

A4. 相手が理解できる言葉遣いや単語、話しかけるテンポや身振り、興味や関心に応じた話題などを工夫することができます。教科書などの資料を調べたり、実習指導担当者の言葉や身振り、話しかける内容などを参考にして実践してみましょう。保育や支援の意味を実感することができるでしょう。

第2章
実習中のポイント

① 実習日数と時間

①必要な実習日数と時間

●実習日数と時間

　単位認定に必要な実習日数・時間数は、厚生労働省や文部科学省の通知および各養成校の学則により、厳格に定められています（表1-1 p.13を参照）。

　また、養成校から事前に提示されている実習期間に変更が生じた場合は、実習日数・時間数の不足などのトラブルを避けるために、速やかに届け出てください。

●出勤票

　実習中は、毎日の出勤時に、日付、実習の開始と終了の時刻、実習時間数などを出勤票に記入し、捺印します。実習時間数には、実習前後の身支度、着替えなどの時間を含みません。出勤票は、実習日数・時間数を証明する大切な書類なので、きちんと管理してください。実習終了後に、実習評価と一緒に実習先から養成校に返送されます。

②実習中の欠席・遅刻・早退・実習中止について

●実習欠席・遅刻・早退・実習中止の理由

　実習中の欠席・遅刻・早退は原則として認められません。ただし、次のようなやむを得ない状況がある時は、欠席（遅刻・早退）が認められることがあります。理由・日数の多少を問わず、欠席による日程変更等は多大な迷惑をかけます。それぞれの養成校の規約を確認して、ルールに従い適切に手続きしてください。

　また、体調不良などにより定められた実習内容を修了することが不可能と判断された場合や定められた日数を超えて欠席した場合は、実習が中止されることがあります。日ごろから生活リズム・体調管理に努め、期間中は実習に専念しましょう。

実習中に認められる主な欠席理由（例）

・天災地変やストライキなどによる交通機関の不通・遅延
・交通事故（後日、事故証明書を提出する）
・病気（後日、受診したことを証明できるものを提出する）
　＊法定伝染病や伝染力の強い疾患の場合は欠席して治療に専念する
　＊症状や病気によっては、伝染性の疾患でないことの証明（診断書など）や感染症の治癒証明書の提出を実習先から求められる場合がある
・忌引き（2親等以内などの基準、証明するものの提出などの規定がある）
・就職試験（受験を証明するものを提出する）　　　・その他、養成校・実習先が認める特別の事情の場合

●欠席などの対応

　やむを得ない理由により実習を欠席・遅刻・早退しなければならなくなった時は、**養成校の規約に沿って速やかに連絡し、実習先・養成校の許可を得る必要があります**。また、実習終了後に、「実習欠席届」と証明書類を養成校に提出します。

　実習生の都合・事情による欠席・遅刻・早退は、実習先の生活や指導計画に影響を与えてしまいます。**連絡の際には規約を順守し、謙虚な態度でお詫びの気持ちを表しましょう**。

図 2-1　実習欠席時の対応例

実習先

①出勤時間の 20 分前までに連絡する

再出勤時に欠勤のお詫びと、不足分の実習補充をお願いして決定する

実習中止の場合
連絡・お詫び

実習生

②できる限り早く連絡する
③すぐに医療機関を受診し、
　診断名と診断結果を再度報告する
④実習再開時にも連絡し、
　補充日を実習先と相談・報告する

養成校

実習終了後に「実習欠席届」を提出

実習訪問担当者

●実習日数・時間数の補充

　やむを得ない欠席と認められた場合は、規約に基づき、実習先との調整によって、**実習期間延長などによる必要な実習日数・時間数の補充を行います**。

　感染症などにより欠勤が複数日になる場合や、授業予定などにより延長日の設定が複雑になる場合などは、養成校と実習先との協議が必要だと判断されることがあります。**こまめに養成校と連絡をとり、養成校の指示に従ってください**。

　また、実習期間内に占める欠席日数・時間数の割合などの規程、事前事後の実習生の状況、実習先の事情によっては、実習期間の延長や欠席分の補充が認められず、追・再実習が必要になったり、実習中止や単位認定不可となったりする場合があります。

② 観察実習・参加実習・担当実習

①観察実習・参加実習・担当実習

実習生が保育現場で実習する際は、一般的に次の３つの実習の形態に分かれます。

観察実習

子ども（利用者）の様子、保育者や職員の様子を観察することで理解を深める

参加実習

保育者や職員の役割の一部を担いながら子ども（利用者）と直接かかわりをもつことで理解を深める

担当実習

指導計画を立案して、生活の流れや活動の展開を担当しながら理解を深める

＊「担当実習」のなかでも、部分的な活動計画を立案し、実施するものを「部分担当実習」、日案を計画して一日の活動を担当するものを「全日担当実習」といいます。実習先によっては、「部分担当実習」のことを「部分実習」、「全日担当実習」のことを「責任実習」や「一日担当実習」ということがあります。

●観察実習の内容

　観察実習では、保育活動には参加せず客観的な位置で保育を見ることにより、子どもがしていることや言っていることの意味、保育者の言葉や動きなどの援助の意図を読み取ることに従事することができます。また一日の生活の流れや保育の展開をじっくりと学ぶことができるよさがあります。自分自身の学びたいポイントをしぼって見ると、子どものおもしろさや保育の醍醐味が感じられるでしょう。

●参加実習の内容

　参加実習では、保育者とともに保育の一端を担いながら具体的に子どもとかかわり、学びを深めていきます。観察実習では味わえないかかわりにより、援助の仕方や保育者としてのふるまいを学ぶことができます。実際に子どもとかかわるために、その準備や留意事項をよく把握しておくことが必要です。わからない時は勝手な判断をせずに、実習指導担当者に判断を仰ぐようにしましょう。また、担当実習に向けて、絵本を読んだり遊びに加わったりと、自身の課題を乗り越えていくために積極的な姿勢で臨むとよいでしょう。

●担当実習の内容

　担当実習（部分担当実習・全日担当実習）は、実際の子どもの姿から保育のねらいや子どもが経験する内容や環境構成などを考えて、実習生自身が指導計画（指導案）を立案して実践する実習です。子どもの生活のあらゆる場面で行うことが可能です。

　担当実習の初期は、実習生が子どもたちを集めて一斉に活動する場面で行うことがあります。集団へのかかわりは、保育者として欠かせない資質・能力であるとともに、実習生にとって立案がしやすく、課題を見つけやすいという理由があります。しかし、保育場面の多くの時間は、身支度、好きな遊びを選んでする活動、食事、排泄、片づけなど、子どもの生活の基盤となる自発的な活動のうえに成り立っています。ですから、担当実習の段階が進むと、個々に応じながらも集団やクラス全体にも気を配っていくことが必要です。よって、**担当実習では、一斉活動の場面ばかりではなく、様々な場面を担当させていただきましょう** (p.74・75・124・125 を参照)。

②指導案（指導計画）の立案に向けて

●自分からお願いする

　実習先では、実習生が現場で経験したいと要望してきた内容を、できるかぎり尊重して実習計画を組み立てています。**担当実習も自らお願いをしなければ実施されません。**実習先によっては、配属クラスや行事などのかね合い、実習期間の短さを考慮して、担当実習に向けて早めに実習生の指導を行うことがあります。オリエンテーションまでに、今までの授業・自己学習などで培ってきた知識や方法、技術を事前に整理し、幅広く教材研究を進めておきましょう。

　オリエンテーションなどにおいて実習先の教育課程・支援計画・指導計画を見せていただくことで、実習時期がどのような計画に基づいているのか、保育者がどのようなねらいをもっているのかが理解でき、子どもの実態に応じた指導案につなげていくことができます。また、保護者向けのお知らせや園の案内なども見せていただけるかお願いしてみるのもよいでしょう。自ら積極的にコミュニケーションをとっていきましょう。

●担当実習を意識した視点と記録をもつ

　実習初期においては、一日の生活の流れや子どもの様子の理解に努めていく必要があります。そのなかで、保育者が片づけ、食前の手洗い、配膳、排泄などの具体的な援助をどのように行っているのかよく見ておくことが大切です。そのためには、自分自身の**実習のねらいや視点を明確にもって**実習に参加することが必要です。

●実際の子どもの姿とすり合わせる

　実習日数を重ねるにつれ、実習前に想定して立案した計画内容は、実際に目の前にいる子どもの実態と一致しないことに気がつきます。そうした場合は、**実習指導担当者と相談を重ね**、子どもの興味・関心や発達に合った内容へと修正していく必要があります。実習指導担当者とのコミュニケーションが多ければ多いほど、子どもにとっても意義深い内容となっていくことを忘れないでください。

③ 実習の記録・情報の取り扱い

　実習の記録の内容や記述については、「第4章　実習の記録のポイント」（p.50～）で解説しますが、ここでは「記録や情報の取り扱い」の注意事項を学びましょう。万が一、実習生の不注意により実習にかかわる個人情報の流失などが起こった場合、実習単位が認められないばかりでなく、社会的な責任を問われる場合もあります。

①日々の実習の記録（日誌）に記載された情報

　実習で得た経験・知識・感動・反省をその場限りのものにせず、実習の成果や課題を確認しながら、自分にとっての保育や福祉について考えることが重要です。そのために、実習中に提出する毎日の「実習の記録（日誌）」や「指導・支援計画（指導案・支援プラン）」は大きな意味をもち、実習には必須の課題です。

　実習の流れや出来事、観察・体験したことを具体的に記録する「日誌」は、実習先の生活の様子・発達の姿・ことば・人間関係、指導者からの助言など、実習で得た情報・経験・知識などが細かく記録されているので、**次の事項を厳守し、放置・紛失・貸与・2次利用しないなど、取り扱いには常に注意してください。**

実習の記録（日誌）の取り扱いの注意事項

①実習の記録の性質
　実習の記録は、実習生本人の学習のために、実習先と本人ならびに養成校との信頼関係のうえに提供された情報の記録なので、厳格な利用と保管が必要です。

②実習の記録の所有権
　実習の記録は、実習生本人に帰属します。実習生は、実習中だけでなく、実習終了後も責任をもって実習の記録を保管します。

③実習の記録の利用目的
　実習の記録について、実習生本人の学習以外の目的で利用する場合は、基本的に実習授業担当者による実習指導および進路指導など、本人の指導と実習の採点評価のために限定されます。それ以外の利用には、本人および実習先と記録に登場する子ども・利用者・職員の不利益になることのないように、細心の注意を払い、記録に記載された本人と実習先の責任者の了解を得ることが必要です。なお、就職活動に使用することも認められません。

④実習の記録の取扱上の注意
　上記をふまえ、実習生および養成校内の関係者は、実習の記録の取り扱いには細心の注意を払わなければなりません。関係者（実習生本人、実習指導担当者、養成校の実習授業担当者）以外が手に取ったり、不用意な放置、持ち歩き、紛失、貸与、2次利用することがないように責任をもって管理します。

---

②個人情報の取り扱いの注意点

●守秘義務について

　保育にたずさわる専門職として、保育者は職務上で知り得た事柄については「守秘義務」が課せられているため、秘密を守らなければなりません。実習生も実習中に知り得た子ども（利用者）およびその家庭に関しての個人的な情報を、たとえ仲がよい友人や家族であっても他者に伝えることは許されません（実習指導・実習授業を除く）。特に複数の実習生が同一施設で実習する場合などは、通勤の行き帰りの公共交通機関やお店などで、個人的な情報について話題にしないように注意してください。

●その他の印刷物・配布物

　実習生自身が記録した日誌や指導・支援計画など以外にも、実習中に配布された「園だより・学級だより」「行事に関するプリント」など、子ども（利用者）のプライバシーに関する情報が記載された書類の取り扱いに充分に注意してください。

●実習における実習生の個人情報

　養成校は、実習指導のために取得した実習生の個人情報を、実習指導や教育目的以外に、実習生本人の了解を得ず無断で使用することはありません。また、実習先に提出する実習生個人票・健康診断書などの個人情報書類は、実習という教育目的に限定して使用し、第三者への提供は行わないように依頼しています。さらに、実習終了後は実習生本人に返却していただく、あるいは不要になった時点で確実に裁断処分によって破棄していただくことをお願いしています。

　みなさんも責任ある実習生として、「自分と他の実習生の個人情報の管理」を徹底し、個人情報を子ども（利用者）たちに教えたり、ほのめかしたりしてはいけません。

●ソーシャル・ネットワーキング・サービス（SNS）の利用

　友人・知人以外の不特定多数の他者が閲覧する可能性があることを十分に考慮し、SNS（Twitter、Facebook など）やメール・LINE などに、実習に関する書き込みをすることは禁止です。

　また、これまで養成校で指導された、犯罪・インターネット・SNS 関連の注意事項を日ごろからよく確認してください。法律を守るのはもちろんのこと、疑われるような行動も慎み、「人の命を預かる資格」を取得する養成校で学ぶ学生として、常に「マナー・モラル・常識」を意識し、どんなに楽しい時間でも「責任ある大人として行動する」準備を始めましょう。

今日、〇〇保育所の〇〇という子が△△して驚いた！

実習先の〇〇という子のお母さんが△△らしい。

絶対にいけません！

Q&A 【実習体験】

Q. 実習を終えた先輩が「大変だったけどがんばってよかった」「子どもの姿に感動した」と言っていました。実習体験のエピソードを教えてください。

A. 実習は、緊張や不安、課題の提出や疲労も重なり、逃げ出したくなることもあると思います。しかし、自分に負けず真剣に全力で取り組むことで、養成校では学ぶことのできない生涯忘れられない経験を必ず得ることでしょう。「子どもとつながる幸せ」や「誰かを笑顔にする喜び」を実感して、ぐんと成長した先輩の実習エピソードを見てみましょう。みなさんも、最後まで実習をやり遂げ、素敵なエピソードをたくさん持ち帰ってくださいね。

①実習（部分実習）でのエピソード

Ep.1 　乳児クラスの子どもの給食の支援について、言葉でのコミュニケーションが未熟なので、食べることにすぐ飽きてしまう子どもにどうかかわったらよいか迷いました。「一口食べるとそのぶん元気になるよ！モリ！」と身振りと短い言葉で伝え、「モリ！モリ！」と言葉を交わしながら楽しむように工夫してかかわったら、喜んでいつの間にかすべて食べてくれていて嬉しかったです。先生方も「Aちゃんは普段、全然食べないので驚いた」と言ってくださり、一人ひとりの気持ちをくみ取って寄り添うことの大切さを再確認しました。

point

　乳児クラスでの実習では生活の様々な場面で、会話以外のコミュニケーションを楽しめるように工夫し、一人ひとりの思いをくみ取り寄り添うことが、信頼を得て子どもが安心して生活し成長することにつながります。大人側の都合で、うまくやること、きちんとやらせることにとらわれないように心がけましょう。

Ep.2 　授業で作った手作り絵本を読みました。「もう1回読んで！」と大好評でした。絵本の続きを考えて話してくれるなど想像以上の手応えがあって、子どもに提供する教材を一生懸命に用意することの大切さを実感しました。

Ep.3 　新聞紙でドレスを作る活動で、子どもの状況にあった指導案が書けず何回も書き直しが必要でつらかったです。しかし、丁寧に指導していただいたおかげで、新聞紙がすぐに破れても、すぐに完成する子どもにも、臨機応変に対応ができました。同じ新聞紙から一人ひとり違うドレスを作ることを通して、子どもの個性を引き出す保育者の言葉かけの勉強になりました。

②子どもの成長する姿がまぶしいエピソード

Ep.4 保育実習Ⅰ・Ⅱで同じ保育所に実習に行きました。以前は話せなかった子どもが言葉を覚えて話をしてくれたり、3歳児クラスの時は友だちへの口調が強くすぐにケンカをしていた女の子が「ありがとう」「ごめんね」を素直に言えるようになっていたりと、成長し穏やかな表情でなかよく遊ぶ子どもの姿に涙が出ました。

Ep.5 一人で遊ぶことが多かったA君が、2回目の実習では友だちと一緒に工作をしていました。共感し合い、響き合っている姿に感動しました。

③「人とつながる仕事の喜び」を実感するエピソード

Ep.6 朝の会でピアノを弾きました。一生懸命練習しましたが、当日は緊張でほとんど弾けませんでした。落ち込んでいると子どもがそっと寄ってきて「先生、じょうずだったよ。またがんばって！」と背中をポンポンしてくれました。申し訳ないやら、嬉しいやらで泣きそうになりました。

Ep.7 朝、私を見つけると母親から離れて「せんせーい」と駆け寄り抱きついたり、帰りに「すごく楽しかったよ！」「また遊んでね！」と言われたりしてうれしかった。

Ep.8 施設の食事介助で「Bさんと食事するといつもよりおいしい」と言葉をかけてもらい、やりがいを感じました。実習最終日に「ずっとここにいてね」「またぜったい来てね」と言っていただき涙がでました。

Ep.9 児童養護施設のグループホームで、挨拶をしても少しうなずく程度で、ほとんど話をしてくれなかった女子中学生がいました。嫌われているかと思い悲しかったのですが、最終日に「毎日話しかけてくれてありがとうね。ごめんね」と言ってくれました。意外な言葉がうれしかった反面、繊細なその子のことが気になりました。たった一言でしたが、一生忘れられない出来事になりました。

column

実習訪問指導について

　実習は、実際の保育現場を体験できる大切な学びです。年齢ごとの子どもの様子、保育士と子どもとのかかわり、環境の設定など、実習生の学ぶべきことはたくさんあります。そのような実習へ向かう実習生の気持ちは、楽しみ以上に「日誌は書けるだろうか」「体調管理はできるだろうか」「うまく子どもたちとかかわれるだろうか」と不安な気持ちでいっぱいになるかもしれません。

　実習訪問指導は実習期間に養成校の教員が実習先を訪問し、実習生と面接を行います。また、教員は実習指導担当者に実習生の様子を尋ねたり、実習が円滑に進んでいるのか確認を行ったりします。実習生にとっては、「自分の思い」を教員に伝えることのできる大切な機会となります。限られた時間ではありますが、教員に実習での困りごとや思いを伝えてみましょう。

　ある実習生から日誌の書き方について質問がありました。実は実習指導担当者から日誌の書き方を工夫してほしいという指導を受けていたようです。実習生は実習が続けられるか不安な気持ちを打ち明けてくれました。話を聴いているうちに、「がんばってみる」と笑顔が戻り、最後まで実習をやり遂げることができました。ある実習生の場合は、訪問時に実習指導担当者から「子どもへの積極的なかかわりが少ない」と話があったため、その理由を実習生に尋ねてみました。すると、前回の実習先で「子どもにかかわる前に観察するように」と指導を受け、かかわりを躊躇していたことがわかりました。今回の実習先は子どもへの積極的なかかわりを望んでいることを伝えると、実習生は「私も困っていた。知ることができてよかった」と、その後は思いっきり子どもたちとのかかわりを楽しんだそうです。このように、実習訪問指導の教員は実習生と実習指導担当者の橋渡し役でもあります。

　実習生の不安の要因はさまざまです。その思いを思いきって実習訪問指導の教員に話してみましょう。そのことで、不安から解消され、たくましく実習を乗り越えることができるのです。

第3章

実習後のポイント

① 実習後の手続き

①実習の記録（日誌）の提出

●実習先への実習の記録（日誌）の提出

　実習終了後、実習の記録のすべての項目を記入して、実習先に提出します。**提出日の原則は最終日の翌日**です。実習終了前に実習先と実習の記録の提出日時を決めておきましょう。提出前にもれなくすべて記入したかを確認し、毎日の記録などの使用しなかった白紙のページは抜き取ります。提出時にチェック表を用いてとじ忘れがないことを確認しましょう。また、実習先に提出済の用紙でまだ返却していただいていないページがある場合は、実習先に伝えて確認しておきましょう。

●実習先からの実習の記録（日誌）の受け取り

　実習の記録を提出する際に、実習先と返却の日時を打ち合わせておきましょう。**受け取りの目安は提出日から2週間程度**です。実習先も多くの養成校から実習生を受け入れていますので、**受取日は曖昧（あいまい）にせずにしっかり約束**しましょう。返却時はそのまま持ち帰ってくるのではなく、チェック表を用いて、**その場ですべての用紙がそろっているか確認**しましょう。

　また、実習生の個人情報書類は、実習終了時に、実習先から実習生や養成校に返却されます。実習生個人票、健康診断書（麻疹・風疹予防接種証明書）、腸内細菌検査報告書などを受け取っていない場合は、実習の記録を受け取る際に確認して返却していただきましょう。

●養成校への実習の記録（日誌）の提出

　指定された期日に、養成校の実習担当教員に実習の記録を直接手渡しにて提出します。やむを得ず期日に遅れる場合は、事前に実習サポートセンターと実習担当教員に申し出るようにしましょう。実習の記録は、実習中の学びや実習先の情報が記載されている重要な書類ですので、取り扱いには十分に注意しましょう。

②お礼状の送付

　実習においては、忙しいなか実習を引き受け指導していただいたことに感謝の気持ちを込めて、実習生から実習先にお礼状を書き、郵送することを大切な文化としています。手紙という形で相手にお礼をする作法を身につけましょう。お礼状送付の目安は最終の日誌提出日から2週間以内です。手紙の書き方の定型を理解し、みなさんの言葉で感謝を伝える姿勢を大切にしましょう。

お礼状の書き方の留意点

・文例集からそのまま引用したような難しい言葉を使うのではなく、実際に自分が感じたことや印象に残っているエピソードなどを入れると気持ちが伝わりやすく、読み手の心に届きます。

・宛名は必ず園長先生（施設長）にします。直接指導いただいた担当の先生へもお礼の気持ちを伝えたい場合は、「○○先生へもどうぞよろしくお伝えください」など一文を書き添えます。

・お礼状は封書で出します。封筒・便箋は、色や絵柄などの入っていない白地のものを使用します。誤字脱字に気をつけ、直筆で丁寧に書きます。便箋は2枚以上に書くようにします。

【お礼状の書き方の例】

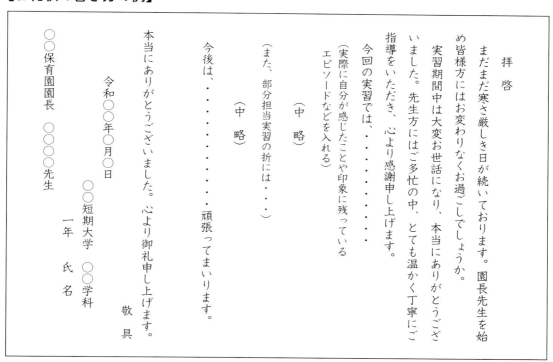

拝啓

　まだまだ寒さ厳しき日が続いております。園長先生を始め皆様方にはお変わりなくお過ごしでしょうか。

　実習期間中は大変お世話になり、本当にありがとうございました。先生方にはご多忙の中、とても温かく丁寧にご指導をいただき、心より感謝申し上げます。

　今回の実習では、・・・・・・・・・・・・・・・

（実際に自分が感じたことや印象に残っているエピソードなどを入れる）

（中　略）

　今後は、・・・・・・・・・・・・頑張ってまいります。

（中　略）

（また、部分担当実習の折には・・・）

　本当にありがとうございました。心より御礼申し上げます。

敬　具

令和○○年○月○日

○○短期大学　○○学科
一年　氏　名

○○保育園園長　○○○○先生

【封筒の書き方の例】

※封筒を郵送する際には郵送料を確認しましょう。

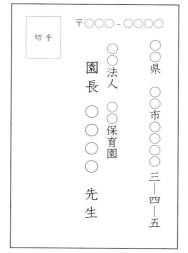

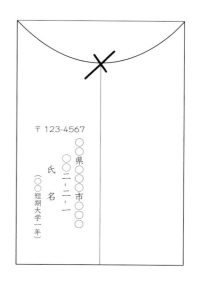

② 実習の評価

①実習の評価

●実習の評価とは

　実習の評価には、「実習生による自己評価」「養成校による評価」「実習先による評価」があります。評価は「できた」「できない」をはかるためのものではなく、「目標に対しての取り組みはどうであったか」「現場での姿勢・言動はどうであったか」「経験から何を得たか」など、様々な視点をもって振り返ることで自分の学びや課題を明確にし、次の実習につなげていくものです。図3-1は、実習における一連の流れに沿って、評価の仕方と振り返りのポイントを記したものです。

図3-1　実習の流れと評価

	自己評価	養成校による評価	実習先による評価
実習前	実習の心構え、実習先の概要、保育や支援の内容に関する知識や基礎技術などについて、自分自身がどれほど準備できているかを振り返り、チェックします。	心身の健康、学習の進度、実習へ向かう意欲や態度、提出物、事務的な手続きなどの取り組み状況から学生にアドバイスします。	場合により、実習への意欲や課題、実習先の理解などについて問われることがあります。
実習中	実習の目標や実習自己課題が実習の場面でどのように達成されているのかを考え、その日の振り返りや週の振り返りなどを記録（省察）します。 　反省会など、実習指導担当者とのコミュニケーションのなかで振り返ることも大切な自己評価になります。	巡回担当教員による実習先への訪問指導時に、実習の状況に応じて実習生にアドバイスします（コラム参照 p.38）。	「実習の記録」の「指導者の助言」などの項目に実習生のよさや課題が記述されます。また、日々の実習指導担当者への質問や反省会などでの会話のなかで助言をいただきます。助言を素直に受け止め、自己評価に生かして次の日の実習につなげていきましょう。
実習後・次の実習へ	実習の記録をもとにして実習全体を振り返り、保育者となるうえでの学びの到達度を確認し、次の課題を見つけます。 　養成校の事後指導授業で、実践での自分をよく振り返り、自分の保育実践に生かすためにはどのような新たな課題があるのかを明確にして、その先の学習や実習につなげていきます。	事後指導授業においては様々な観点から実習を振り返ります。実習における自身の学び得たことや課題についてどのように捉えているのかという振り返りの深度を評価します。 　単位の認定にあたり「実習授業への取り組みの評価」と「実習の評価」が総合的に行われます。	実習終了時の反省会においての話し合いや「実習の記録」へのコメントを通して実習全体の実習生への評価が行われます。また、実習先からの総合的な評価は「評価票」で養成校に提出されます。

●その後の実習や学習のために評価票を生かそう

　実習の事後指導授業では、評価票を用いて、学生自身の自己評価と実習先からの他者評価を比較・照合していきます。自己評価と他者評価には様々なズレが生じます。自分では気づかないところを評価されていたり、不本意なコメントをもらうこともあるでしょう。評価の違いに感情的になることなく、**他者から見た自分自身の長所や課題を再確認し、その後の学習につなげていく取り組みを行っていきます。**

　また、実習先によって評価の軸（評価基準）は異なりますので、他の学生と点数を比べて判断するのではなく、各項目の視点から、自分自身が他者（実習先の人）からどのように見えていたのかを自覚し、次の実習に向けて努力していきましょう。

②単位の認定

●実習の単位認定について

　保育士資格、幼稚園教諭免許状取得のための要件である「保育実習Ⅰ（保育所）」「保育実習Ⅰ（施設）」「保育実習Ⅱ・Ⅲ」「教育実習（幼稚園）」の単位は、次に示された内容によって総合的に判断されます。シラバスなどを確認して、実習先の評価が実習の単位認定のすべてではないことを理解しておきましょう。

> **実習科目認定（評価）のポイント**
> ①実習登録手続きに関する状況
> ②事前の書類（腸内細菌検査・オリエンテーション報告書など）提出の状況
> ③実習中の状況（訪問指導時の状況も含む）
> ④実習先への出勤状況
> ⑤実習先からの実習評価
> ⑥実習日誌の提出、事後に必要な書類提出（欠席届など）の状況
> ⑦実習日誌の記述内容

●実習指導授業の単位認定について

　学外実習のための学内での指導授業である「保育実習指導Ⅰ」「保育実習指導Ⅱ」「教育実習指導（幼稚園）」の単位の認定は、次に示された内容によって評価されます。シラバスなどを確認しましょう。

> **実習指導科目認定（評価）のポイント**
> ①授業の事前・事後の課題への取り組み状況
> ②提出物の状況と理解度
> ③ボランティア体験学習とそのレポート
> ④小レポート、小テスト

③ 次のステップに向けて

①成果と課題を整理する

　実習での学びは充実していましたか。実習後は、なにかができた・できないの評価で終わるのではありません。みなさんが "なりたい保育者像"（p.8）を目標として、現時点での成果や課題を明確にすることや、この実習で何を学び得たのかを明確にすることが大切です。

　実習先は異なっても、実践の場で学ぶ「実習教育」は次へつながります。実習を様々な角度から丁寧に振り返ることにより、自身の長所や課題が明確になります。今自分がすべきことを具体的にして、次の実習や実践へのステップアップにしていきましょう。

　養成校では、様々な教養科目や専門科目と実習をつなげ、準備→実践→振り返り→準備と学びを円環させて深めていくカリキュラムを組んでいます（図 3-2）。それらを感じながら、家庭や学校生活での振る舞いや授業などにおいて、次のステップに向けて自分の力量の向上を普段から目指していきましょう。

図 3-2　実習間の継続と連携によるステップアップ

②実習を振り返る

●「実習の目標」と「実習自己課題」について振り返る

　実習の記録や実習事前準備の資料を読み返し、実習前に目標や課題としていた内容が、どの程度達成されたのかを確認します。

●保育者や職員からの指導や助言を振り返る

　実習の反省会や実習の記録へのコメント、あるいは日々の会話から、指導いただいたことを具体的な場面とともに振り返ります。指導を受けた事柄は保育現場においてどのような意味や理由によるものなのかをよく考えることが、自分の新たな目標や課題へとつながっていきます。

●他者との学び合いによる振り返り─アクティブラーニング─

　学生が違えば、実習先が違えば、実習で学び得ることも異なります。保育現場でも、子ども（利用者）のことを考え、常に創意工夫しながら保育を実践しています。実習で体験した学びを他の学生に伝えましょう。実習体験でのエピソードを養成校の先生や学生に語る行為自体が、学び得たことを整理したり、自身の成長のプロセスを明確にしたりすることにつながります。

　また、他の学生の語りからは、保育・福祉実践の多様性の理解や新たな学びの視点を得ることができます。振り返りのなかで難しかったことや疑問点などをともに考えあうことは、保育者としての実践知の構築に大切な活動です。

●「振り返り曲線シート（私の実習曲線）」による実習全体の振り返り

　実習での成長のプロセスを客観的に振り返るために、46ページの書き方を参照して、「 WORK 振り返り曲線シート（私の実習曲線）」（p.77・111・127・143）を書いてみましょう。実習での気持ちの変化と体調の変化を曲線で示し、その要因を考え、示していきます。その要因について自己分析することにより、自身の長所や成果、今後の課題を整理して理解することが目的です。実習での様子を思い出しながら、記入の仕方をよく読んで進めましょう。

●自己評価と他者評価から成果と課題を考える

　実習先からの評価票（p.47を参照）が届いたら、「 WORK 評価の照合」（p.78・112・128・144・145）を記入して、自己評価と他者評価から実習を振り返りましょう。目的は実習成果と今後の課題を明確にすることです。自身の長所や課題、保育学生として求められる資質・能力を再確認し、次のステップへつなげましょう。

図3-3　実習経験を次の実習へ活かすポイント

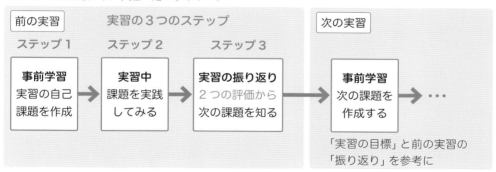

図 3-4　「振り返り曲線シート（私の実習曲線）」の書き方

① 実習日を記入：実習した日を記入する（欠席日・行事・担当実習などはわかるように書いておく）。

② 曲線グラフを書く：黒線「体調の変化」、赤線「モチベーションの変化」を縦軸のテーマとして、その浮き沈みをフリーハンドで表現する。

③ 吹き出しを書きコメントを記入：曲線から吹き出しを上下に５つ書き、その時にあった出来事を具体的に記す。その際、プラスのことは上に吹き出しを書き、マイナスなことは下に吹き出しを書く。

　例：課題が明確になった、手ごたえがあった、うまく伝えられた、あこがれた、感動した、わからなかった、注意を受けた、うまくいかなかった、苦しいと思ったことなど。

④ 自分の課題を考察する：課題や学びを明確に捉えて、上下に箇条書きで記す。その際、プラスのことは上に、より伸ばしていくこととして書き、マイナスなことは下に、今後改善していく課題として書く。

　＊保育者を目指す者としての今後の学習課題、これまでの生き方（生活習慣・マナー・コミュニケーション・生活感覚）の改善などを、箇条書きであっても次の実習に向けての具体的な準備となるように書くこと。

自信をもったこと、そしてさらに向上させたい点（発展的な実習自己課題＝自分の長所を伸ばそう）

・子どもに対して積極的にかかわることができた。笑顔で接していることをほめられたので、今後は子どもの気持ちをよく理解して声をかけられるようにしたい。

・担当実習で絵本を読んだ時にすごくよく聴いてくれた。今後の実習に向けて様々な絵本について調べ、子どもの興味に応じて読めるようにしたい。

プラス面の要因を吹き出しでコメント記入（保育者からの指導内容や成果について記述を入れる）

| 絵本を借りて、手遊びのレパートリーを増やして、準備はできた。不安もあるけど、楽しみ。 | 素敵な保育者を見つけ、子どものかかわり方を見て、たくさん発見する。 | 自分なりに子どもとかかわる。声かけを工夫できた。日誌の書き方をほめられた。 | 体調も回復！子どもとたくさん遊ぶ。 | 担当実習を行う。子どもの反応はよく充実感。 |

テーマ：黒線「体調の変化」、赤線「モチベーションの変化」

| 実習前 | 1/16 | 1/17 | 1/18 | 1/19 | 1/20 | 1/21 | 1/23 | 1/24 | 1/25 | 1/26 | 1/27 | 1/28 | 2/2 |

5

0

-5

マイナス面の要因を吹き出しでコメント記入（保育者からの指導内容や成果について記述を入れる）

| 実習準備が足りないと感じて緊張している。 | わからないことばかりで顔がこわばっている。 | 疲れが出てきて体調を崩す。日誌に追われ寝不足。モチベーションも下がる。 | 子どもとかかわる際の声かけの難しさを目の当たりにする。保育者の動きや発言、意図を注意深く観察する必要を感じる。 | 担当実習を行う。年齢に合わせた活動内容の難しさを思い知った。その場の対応が臨機応変にできず、反省した。 |

今後の学びが特に必要なこと・実習自己課題（省察的課題＝自分に必要なことを見つめ、具体策を考えよう）

・疲れから体調を崩してしまい、実習中に全力を出せない時があった。しっかりと体力をつけておかないといけないと感じた。

・担当実習では予想外のことに対応できなかったので、実習前半にもっと保育者の動きや言葉を見ておくべきだった。また、子どもの発達の理解をもっと学んでおく必要を感じた。

図 3-5　「自己評価と実習先評価ワーク」記入例——保育実習Ⅰ（保育所）評価票から

WORK 評価の照合 (p.78・112・128・144・145)

年　　　　月　　　　日

| 園名 | | 学籍番号 | | 氏名 | | | |

	評価項目	具体的な内容	非常に優れている	優れている	適切である	努力を要する	非常に努力を要する
子どもと保育の理解	保育所の理解	・保育者からの指導や観察により、保育所の目的や役割の実際を理解する。		●			
	一日の流れの理解	・保育所の一日を理解する。 ・保育者の働きかけと子どもの相互関係を実際に観て学ぶ。			○		
	子どもの発達と実態の理解	・観察やかかわりを通して、子どもの心情や一人ひとりの発達の過程の違いを理解しようとする。			○●		
	保育の内容・展開の理解	・学んだ知識・技能が実際に展開する様子を観て理解する。		●	○		
実習の姿勢	主体性	・主体的に保育に参加し子どもとかかわる。 ・環境整備・衛生管理等、多様な保育士の仕事を経験する。		●	○		
	意欲・探求心	・学ぶ意欲をもって実習に取り組む。 ・日々の実習を振り返り、次の実践に向け意欲的に助言を生かそうとする。		○	●		
	勤務姿勢・保育士の職業倫理の理解	・遅刻・早退等なく出勤する。 ・社会的な常識や振る舞いについて改めて自覚し、信頼される人になろうとする。		○	●		
実習自己課題	「実習自己課題」への取り組み	・事前学習での「実習自己課題」や学びの視点をもって実習に臨み学びを得る。					
	実習ルールの理解	・事前学習で学んだ実習の規定・課題等を理解し適切に実行する。					

①「自己評価」
自分なりの実習の評価を
○（黒色）で記入
②「園からの評価を●（赤色）
で記入

③いただいたコメントを書き写し、特に印象に残った点を可視化する。
④「評価を照合して感じたこと学んだこと、今後に生かしたいこと」を記入する

総合所見

優れていた点・期間中に成長や努力が見えた点

　どの年齢の子どもたちとも積極的にかかわり、笑顔で接することができる姿勢は優れていると思います。今後も自信をもって伸ばしていってください。年齢や個人差によってもかかわり方が違うことに気づき、工夫していた点に成長や努力が見られました。

次の実習への課題

　保育者は子どもに対してねらいや願いをもって日々かかわっていますので、保育者のかかわりの意図をもっと積極的に質問すると、保育の展開が見えてくると思います。子どもへの直接的な接し方だけでなく、その奥にある保育者の思いに焦点を当てると、さらに保育の奥深さを感じられると思います。

評価を照合して感じたこと学んだこと・今後に生かしたいこと

　実習時の反省会でご指導いただいたことが多かったので、改めて自分の課題が明確になった。自分なりには積極的に行ったつもりだったが、実践現場の保育者から見ると、もっと積極的でよいということがわかった。今後の授業や実習では、子どもの興味や関心の理解と保育者の意図、保育の進め方をキーワードにして学んでいきたいと思う。

Q&A 【実習を終えて…】

Q1. 実習で子ども（利用者）と仲よくなれたので、これからもおつきあいしたいと思っています。連絡先を交換してもいいですか？

A1. 実習は、養成校・実習先・実習生が規約を守り、責任と義務を果たす約束で行われる正式な教育活動です。実習後のかかわりについても養成校・実習先の許可を得る必要があります。個人的に連絡先を交換し、つきあいを継続することは許されませんが、一定期間後に許可を得て、ボランティア活動などでかかわりを継続することもあります。

Q2. 実習は休まずに毎日行いましたが、実習の記録（日誌）の提出ができていません。実習単位は取得できますか？

A2. 実習単位は事前・事後学習、実習、実習の記録（日誌）の提出（実習先・養成校）をすべて完了し、所定の評価を得て単位認定されます（p.43を参照）。期日までに日誌を提出しないと実習が未完了となり、評価・単位認定されません。気を抜かず、責任をもって最後までやり遂げましょう。

Q3. 保育者になるのが夢でしたが、実習中にできないことが多く、向いているか不安になりました。

A3. 実習中にできないことがあっても、あなたが保育者に向いていないわけではありません。また、保育者になってすぐに何でもできるはずはありません。

　まず、実習中の指導内容や評価、事後学習を振り返り、自分の長所と短所を客観的に捉えてみましょう。実習の評価が高くても、それで安心というわけでもありません。保育・福祉の仕事の正解はひとつではないからです。その保育所の方針、あるいは向き合う子どもや人によっても「向いているタイプ」は変わります。

　そして、もう一度実習の場面を思い返してみましょう。心に残る子どもの表情や言葉、温もりやつながりを実感した場面はありましたか。そうした実習中の経験を糧に、「子どもの笑顔をまもるために今より成長したい」「信頼されるように努力したい」といった思いや意欲をもち続けることができるかどうかが大切だと思います。

　保育の仕事に魅力とやりがいを感じたら、恐れずに、あなたの長所を伸ばし、短所を減らして自分自身を育てれば、ステキな保育者に成長できますよ。

第4章

実習の記録のポイント

① 実習の記録（日誌）の意味と目的

①実習の記録（日誌）の意味と目的

　実習生には、毎日の実習を記録することが義務づけられています。これは保育者として働いていくための専門性を、実習中の出来事を書くことによって学んでいくためです。実習の記録の目的は様々あります。目的をきちんと理解したうえで実習の記録を書きましょう。

「実習の記録」の目的
・子ども（利用者）の行為の「意味」を探るため。
・自分の実践を振り返り、その時の対応や今までの考え方を吟味するため。
・明日の実習に向けて考え、準備をするため。
・実習の目標やねらいに沿って振り返り、整理・確認をするため。
・実習指導担当者、養成校教員、仲間や先輩と学びあう共有の資源とするため。
・実習後に振り返り、成果や課題からその後の実習や学習に役立てるため。

②実際の保育現場で見られる様々な記録

　保育現場で作成される記録には、次のようなものがあります。記録は、対話による保育の質向上や保育内容の可視化による子どもの育ちの理解のために作成されるものといえます。それぞれの記録の特性を理解しておきましょう。

保育現場で用いられる記録
①法令で義務づけられた記録や行政の監査対象となる帳簿
　「幼稚園幼児指導要録（学籍の記録・指導の記録）」「保育所児童保育要録」「児童票」「出席簿」「健康診断票」「園日誌」「乳児の個別記録」など。
②日常の保育の指導に生かすための保育記録、保育者間の共有、対話のための記録
　日々の「保育日誌」や「ドキュメンテーション」、その週をどのように過ごしたのか（記録）、次の週をどのように過ごしたいのか（計画）が一体となった短期の指導計画としての「週日案」「保育web型記録」、保育環境をどのようにデザインしていくのかを捉えるための「保育環境マップ」など。
③保護者とのコミュニケーションを目的として作成されたドキュメント
　「連絡帳」「クラス・学年だより」「園ブログ」「ポートフォリオ」など。

③実習の記録（日誌）を書く時期

　「実習の記録」は実習期間中に書くものと思っているかもしれませんが、実習の前後にも学びを記述する用紙があります。各用紙の内容をよく理解しておきましょう。その他にも次のようなタイミングで記録を書くことがあることを覚えておきましょう。

記録を書くタイミング

①実習前に記入すること

　記入用紙例：表紙（実習先の名前や所在、実習期間や自分の学籍番号と名前）、実習先の概要、実習自己課題、今週の計画、指示があれば指導案の下書きなど。実習中にとまどわないためには事前準備が重要です。

②実習中に記入すること

　記入用紙例：毎日の記録（時系列記録やエピソード記録、ドキュメンテーション記録）、今週の計画（振り返り）、指導案など。

　　＊毎日の記録については、特に実習先からの指示がなければ、その日のうちにすべて記入し、次の日の朝に提出します。

③実習終了直後に記入すること

　記入用紙例：実習の目標・実習自己課題の振り返り、今週の計画（振り返り）、実習の成果など。

---

④実習の記録（日誌）を書く姿勢

　「実習の記録」の書き方のポイントを一言でいうと、他人が読んでわかりやすいということです。もちろん、どのように学びの深化が書かれているのかも大切ですが、まずは相手にとって読みやすいという他者性をもつことが求められます。自分の文章の書き方の特徴や文字のくせをつかみ、自分が体験したことや考えたことを、どのように書けば相手に伝わるのかを意識しましょう。

「実習の記録」を書く時の基本的な注意点

・誤字・脱字に注意しましょう。
・行為者（誰がしたのか）を忘れずに書きましょう。
・「話し言葉」ではなく、「書き言葉」で書きましょう。
・記録は、自分のしたことや単純な発想をただ書き連ねる “日記” ではないことを理解しましょう。
・清書は黒インクの油性ボールペンや水性ボールペンを使用して書きましょう。
・紙面に合った文字の大きさで相手が読みやすいように書きましょう。
・保育者や子どもの名前の記述の仕方ついて確認しましょう。
・線は定規でまっすぐに引きましょう。
・「先生」などの敬称を入れましょう。
・「〜する」「〜した」のように文末表現（文体）を常体（である調）に統一しましょう。
・「おトイレ」「お集まり」「お片付け」など、接頭語の「お」は不必要につけないようにしましょう。
・子どもへの保護者のかかわりを表すときには、「〜してあげる」「〜してもらう」「〜させる」は極力避けましょう。

② 実習の記録（日誌）の役割と種類

①実習の記録（日誌）の構造

　保育現場や福祉現場では、「計画」→「実践」→「振り返り」の循環構造を大切にしながら援助などを実践しています。実習生も同様にこの循環のなかで学びを深めていくことが求められています。実習の記録は、右記の「実習の記録用紙」のようなものがありますが、それぞれの用紙でこの循環を意識できるような構造になっています。

> ### 記録の構造
> ・長期的な計画（実習の目標と内容、実習自己課題）と振り返り（実習の成果）
> ・中期的な計画（今週の計画）と振り返り（1週間の振り返り）
> ・短期的な計画（毎日の記録〜本日の実習の目標・ねらい、保育実習指導案）と振り返り（本日の実習の反省と考察）

　実習では、一日一日が独立して完結しているのではなく、図4-1のように日々つながっていることを意識しておきましょう。最初から満足のいく実践が行えるはずはありませんから、まずは今の自分の「目標・ねらい」をしっかりと立てて実践し、そのことについて振り返ることが大切です。そのために、日々の「記録」をしっかりと記すことが必要です。その積み重ねが、結果として自分でも驚くほど多くのことを身につけていくことにつながります。

図4-1　「目標・ねらい」と「反省・振り返り」の関係

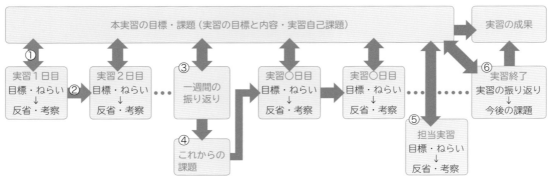

①実習の目標と内容・実習自己課題は、実習の根本ですので、実習中も毎日意識しましょう。
②1日の実習の反省・考察をもとに翌日の目標・ねらいを立てます。
③1週間を振り返り、実習の目標と内容をどの程度達成できているかを確認します。
④振り返りをもとに課題を見つけ、次週の目標を立てます。
⑤担当実習は、実習の目標と内容をふまえて、実際の子どもの姿にふさわしいものを考えます。
⑥実習の目標と内容・実習自己課題の達成を振り返り、今後の実習の課題を見つけます。

③時系列記録

　時系列記録は、一日の流れやそれぞれの時間帯での「環境構成」「子ども（利用者）の経験および活動」「保育者の援助および留意点」「実習生の動きおよび気づき」などの関係に重点をおいた書式です。**一日の流れを把握したり、各活動でのそれぞれの動きや援助・配慮を理解したりする時に役立ちます。**

図 4-3　時系列記録の記入のポイント

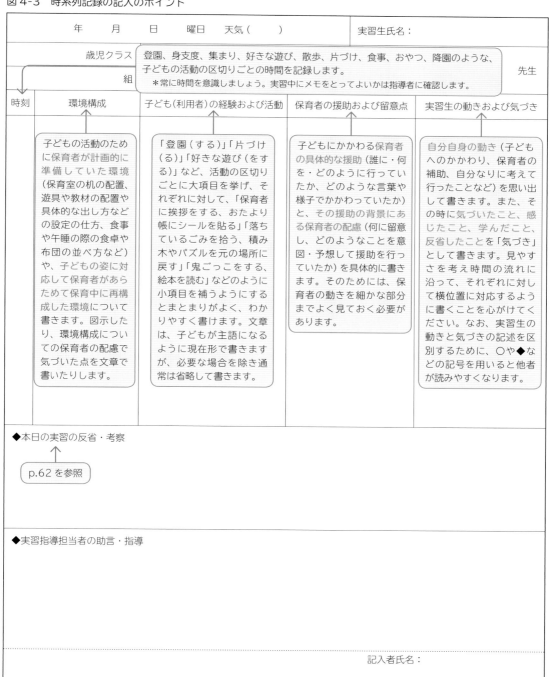

年　　月　　日　　曜日　天気（　　　）				実習生氏名：
歳児クラス	登園、身支度、集まり、好きな遊び、散歩、片づけ、食事、おやつ、降園のような、子どもの活動の区切りごとの時間を記録します。 ＊常に時間を意識しましょう。実習中にメモをとってよいかは指導者に確認します。			先生
組				
時刻	環境構成	子ども(利用者)の経験および活動	保育者の援助および留意点	実習生の動きおよび気づき
	子どもの活動のために保育者が計画的に準備していた環境（保育室の机の配置、遊具や教材の配置や具体的な出し方などの設定の仕方、食事や午睡の際の食卓や布団の並べ方など）や、子どもの姿に対応して保育者があらためて保育中に再構成した環境について書きます。図示したり、環境構成についての保育者の配慮で気づいた点を文章で書いたりします。	「登園（する）」「片づけ（る）」「好きな遊び（をする）」など、活動の区切りごとに大項目を挙げ、それぞれに対して、「保育者に挨拶をする、おたより帳にシールを貼る」「落ちているごみを拾う、積み木やパズルを元の場所に戻す」「鬼ごっこをする、絵本を読む」などのように小項目を補うようにするとまとまりがよく、わかりやすく書けます。文章は、子どもが主語になるように現在形で書きますが、必要な場合を除き通常は省略して書きます。	子どもにかかわる保育者の具体的な援助（誰に・何を・どのように行っていたか、どのような言葉や様子でかかわっていたか）と、その援助の背景にある保育者の配慮（何に留意し、どのようなことを意図・予想して援助を行っていたか）を具体的に書きます。そのためには、保育者の動きを細かな部分までよく見ておく必要があります。	自分自身の動き（子どもへのかかわり、保育者の補助、自分なりに考えて行ったことなど）を思い出して書きます。また、その時に気づいたこと、感じたこと、学んだこと、反省したことを「気づき」として書きます。見やすさを考え時間の流れに沿って、それぞれに対して横位置に対応するように書くことを心がけてください。なお、実習生の動きと気づきの記述を区別するために、○や◆などの記号を用いると他者が読みやすくなります。

◆本日の実習の反省・考察

p.62 を参照

◆実習指導担当者の助言・指導

記入者氏名：

④エピソード記録

●エピソード記録とは

　エピソード記録は、「子ども（利用者）が行っていること」「保育者（職員）のかかわりのこと」「自分のかかわりのこと」などを、自分の視点から省察することにより、専門的な理解を深めることに重点をおいた書式です。実習生がねらいをもって実習をするなかで心を揺さぶられた「出来事」や「場面」を切り取り、振り返りながらよく考察することによって、子ども（利用者）への理解を深めたり、保育者（職員）の援助のあり方を深く学んだりする記録です。

図4-4　エピソード記録の記入のポイント

> まずは、実習中の「心を揺さぶられた出来事」「印象に残った出来事」「気になった場面」を選びます。特定の場面や考察にしぼり、ひとつのエピソードにいろいろなことを盛り込まないようにします。

エピソード（出来事・実習生の対応など）

「身近なモノと共に遊ぶ意味」

> 「タイトル」……書き終わってから書いても構いません。

　ローラー滑り台を滑ることが楽しくなったTくんは、小石と一緒にローラー滑り台を滑り降りることを思いつく。Tくんが滑ると、小石も一緒について滑ってくる。Tくんは嬉しそうに何度も小石と一緒に滑る。石と共に滑り台を滑っている時のTくんは、ずっと小石を見つめており、滑り終わると両手に小石を持ってすぐに滑ろうと夢中で坂を登って滑り台を滑ろうとしている。

> 「事例」……子どもと私が何をしたのか事実に沿って経過を書き出します。その出来事を知らない読み手がイメージできるように、子ども（利用者）の言動、しぐさや表情なども含めて具体的に書きます。

　私は、小石と一緒に滑り台を降りている時のTくんの嬉しそうな表情や、ずっと小石を手放さず一緒に居る様子から、Tくんは小石に対して親近感や愛着をもっているように感じた。Tくんの視線は常に小石に注がれ、共に滑ってきてくれる小石は、Tくんにとって大好きな存在となっていっているようだった。

> 「考察」……事例を振り返り、その時の子どもが考えていたこと、感じていたことを、本当はどうしたかったのかなどを、あなたの読み取りとして書きます。事例での姿の行為の意味、子どもの思いを考えます。

　このことから、子どもは大好きな物と共に遊ぶことにより、安心感をもちつつ遊びに没頭できることがあるのだろうと学んだ。

> 最後に、エピソード記録全体を通じて、自分が学んだこと、考えさせられたことを書いて、まとめます。または、"次に同じような場面があったら"や、"明日は"こうしてみたいといった次へのあなたの思いを書きます。
> 子どもの行為については、その意味を図りかねる場合も多いものです。子どもの不思議さ、不可解さ、わからなさを具体的な場面とともに、ありのままに記録するように心がけましょう。

●実習のエピソード記録への書き表し方の視点

　図4-5は、オランダの教育学者コルトハーヘンの省察サイクルのモデルです。エピソード記録は、行為を振り返り、本質への気づきを導き出し、次の行為への子ども理解や援助の選択肢を拡大していくためのツールといえます。エピソード記録で「子どもとのかかわり」を振り返るには、書き表し方に少しコツがいります。コルトハーヘンのモデルで考えてみましょう。

図4-5　省察サイクルのモデル

表 4-1　エピソード記録の書き表し方

	相手軸	記録する内容		私軸
出来事の最中に	相手は（子どもは）YOU	何をしていたの？ 何を考えていた？ 何を感じていた？	Do Think Feel	私は I
振り返ってみて		何を考えていた？ 何を感じていた？ 本当はどうしたい？ （次にどうしたい？）	Think Feel Want	

① まず、子どもが何をしたのか、事実に沿って経過を書き出します〔相手軸での Do〕。その際、その場面で、私が何をしていたのか、私が何を感じていたのか、何を考えていたのか、という感情や思考も書きます〔私軸での Do、Feel、Think〕。

② 次に、（私は相手軸で）相手が何を考え、何を感じていたか、本当はどうしたかったのかを、振り返って自分の読み取りとして書きます〔相手軸での Think、Feel、Want〕。

③ 最後に、次に同じような場面があったらこうしてみようといったことを書き出します〔私軸でのWant〕。

表 4-2　エピソード記録のポイントチェック表

文章全般	タイトルがあり、内容に沿った読みたくなるタイトルである。	
	誤字・脱字・不適切な用語がない。	
	ペン書きで丁寧に記入されている。	
	常体「だ。」「た。」「である。」調で書いている。	
	書き言葉になっている。　「～だなあ」「いろんな」×	
	段落が改行され、改行後1マス分空けている。	
事例部分（出来事）	誰が誰と、どこで、何をどのような状況や場面でかかわったのかがよくわかる。	
	場面を知らない読み手側が、映像として細かく出来事をイメージできる。	
	書き手側がこの時にどのような思いでいたのかが、このエピソードから伝わってくる（私のその時の驚き、不思議さ、わからなさ、困った様子、おもしろさ、気づき）。	
事例に対する考察部分	事例と関係のある（つながりのある）考察になっている。	
	事例での子どもの言葉やしぐさが考察の根拠となって表れている。	
	事例に登場する子ども（利用者）の言葉や行動の意味について、子ども（利用者）の立場に立って、考えている。	
	このエピソード（事例と考察）を通じて学んだこと・感じたことが伝わってくる。	
考察の関係エピソードと	エピソードも考察も同じようなことを繰り返し言っていない。因果関係がある（エピソード部分に考察が入っていない、考察部分に新たなエピソートや事実が出てこない）。	
	保育を学ぶ学生として「なるほど」と思える視点や学びになっていた。または、このことから学んだこと、これからの課題が感じられる。	

⑤ ドキュメンテーション記録

　ドキュメンテーションとは、子どもの遊びのプロセスを対話を通して多様な視点から味わうことに重点を置いた記録です。

　ドキュメンテーションの特徴は、子どもの遊びの中での言動や表現をそこに至るプロセスも含めて、写真などを用いて対話が起こりやすいようにわかりやすく可視化して作られていることです。いわゆる「見える化」することで、文字だけの記録よりも保育者同士が対話しやすいツールになり、子どもの言動の理解や学びのプロセスの理解、保育者の援助の方法などについて深く考えていくことができます。さらに「見える化」した記録を保護者や子どもたちへ開くと、園外の人々への理解が深まったり、子ども同士の「対話」のツールとして広がったりします。

ドキュメンテーション記録の作成方法

①写真を撮る
　心が揺さぶられた印象に残った出来事、ひきつけられた場面の写真を撮る。
　今日、どのような視点（目標・ねらい）をもって実習したのかが明確でないと何を撮ってよいのかわからなくなることが多い。

②写真を決める
　撮った写真から考察したいエピソード（事例）を決める。
　心が揺さぶられた印象に残った出来事、ひきつけられたことについて深く考える。

③レイアウトや考察を決める
　その出来事を改めて振り返り、一番伝えたいことを決める（必ず入れたいワードを決める）。

④書き始める
　構成する要素は、以下のとおりである。
　1）〔タイトル〕この場面を象徴する見出し語を決める。学びの視点や子どもの理解につながるタイトルだとよい。
　2）〔出来事〕この活動のこれまでの経緯やプロセス
　　写真だけでは説明しきれない写真の場面までの経緯やしていたことのプロセスなどを補足する。場合によっては写真の場面自体を解説することもある。
　3）〔考察〕この場面で私が捉えた子どもたちの姿（楽しんでいること、経験していること）
　　自分に子どもの姿がどう見えてきたのか、子どもの「学び」や「育ち」を捉えて書く。
　4）〔考察〕「吹き出し」をつける
　　「吹き出し」は子どもの心の声＝実際に言ったことだけでなく、「私（実習生）が読み取る子どもの気持ちや育ち」であるため、"私にはこのようにつぶやいているように思った"が吹き出しの言葉でよい。
　5）実習生としてこの事例から学んだこと
　　改めて省察して感じたこと。または、明日への展望（この先どうなっていきそうかな、明日はこうしてみよう、など）を書く。

　ドキュメンテーション記録の書き出し方の視点は、エピソード記録と変わりませんので参考にしましょう（p.58・59を参照）。

図4-6　ドキュメンテーションの記入例

記録用紙5（時系列・ドキュメンテーション）

2020年　9月　20日　木曜日　天気（　晴　）		実習生氏名　　　〇〇〇〇	
1　歳児クラス　A組	出席　18名　・　欠席　2名	担任：	先生
本日の保育の予定・主な活動	公園へ散歩		
	気候のよい中でからだを動かして遊ぶ。		
本日の実習の目標・ねらい	遊びの中での子どもひとり一人の思いをくみ取ろうとする。		

● 一緒に滑ると楽しい‼

小石を拾い、小石と一緒にローラー滑り台を滑り降りることを何度も楽しんでいたTくん。

いっしょに滑るの楽しいなあ

あるとき、小石がローラーの途中で止まってしまい、Tくんだけが滑り降りてしまう。

途中で止まってしまった小石を悲しそうに見つめながら、Tくんは手前のローラーを手で「シャーシャー」と転がしてみるが、小石は滑り台の上部で止まっており動かない！

あれー、とまちゃったー来ないのかなあ

実習生の声かけで、もう一度滑ることに。

やったやったー、いっしょにすべれたよー

滑っている途中に、止まっていた小石も一緒に滑り落ちることができ、笑みが！

途中で止まった小石をたぐり寄せようと手前のローラーを転がす姿から、Tくんは、手前のローラーを転がせばすべてのローラーが回転し降りてくると考えているようだった。あるいは自分が滑り降りてきたのだから、小石も滑ってこれるはずだと小石に語りかけているようにも感じられた。

小石が止まってしまったというひとつの場面でも、Tくんが様々なことを考え、試行錯誤していることがわかった。

⑥本日の実習の反省・考察— 一日の保育を振り返る —

　毎日の記録は、その日の実習の反省（振り返り）を書いて完成します。一日を振り返り、それを言葉で記すことは、自分自身を客観視して、実習生として何ができて、何ができなかったかを知ることであり、同時に実習指導担当者に一日の「学び」と「成長」を伝えることです。実習生自身の感じていること（気づいた点、よくわかった点、難しい点、など）が実習指導担当者に伝わるように記入します。翌日の実習の目標や課題につながることなので、前向きな気持ちで記入しましょう。

「本日の実習の反省・考察」の書き方のポイント

POINT 感想で終わらないように、なぜそう感じたのかを省察して書く
　　　　例）「1歳児の実際の姿を感じられてよかった。」×

POINT その日に立てた「本日の実習の目標・ねらい」に即して振り返る
　　　　例）「今日は、〇〇という目標をもって実習に臨んだ。その結果〇〇の場面では……。」

POINT その日の実習体験で、気づいたこと・考えさせられたことについて振り返る
　　　　例）「AちゃんとBちゃんのケンカの場面に出会い、正直あせってしまい……。」

POINT 保育者（職員）から、指摘いただいた場面から振り返る
　　　　例）「職員の方から〇〇と教えていただき、〇〇の大切さがわかった。」

POINT 新たに見えてきた課題、努力したい点を、「明日の目標・ねらい」として書く
　　　　例）「このことから、明日は〇〇〇に着目して子どもとかかわろうと思う。」
　　　　　　「今後は、子どもの言動だけでなく、その言動の理由を考えるように努めたい。」

---

⑦時系列記録、エピソード記録、ドキュメンテーション記録の選択

　実習の記録は、時系列記録からエピソード記録またはドキュメンテーション記録へ移行していくことが基本です。

　実習初日やクラスの初日は、実習先やクラスの「一日の流れを把握すること」が「本日の実習の目標・ねらい」になるため、時系列記録に記載するほうが学びやすいでしょう。その後の「本日の実習の目標・ねらい」は、「子どもの理解」「保育者による直接的な援助や配慮の理解」「環境構成の理解」など、保育の中で学びたいことが焦点化されていくので、子どもの内面に迫ったり、保育のプロセスを追えたりするエピソード記録やドキュメンテーション記録で理解を深めていきます。つまり、保育者が実際に行っている記録を体感することを通して、計画・実践・省察というサイクルを実習で学ぶのです。ただ、実習生にも個人差があり、学びのプロセスは人それぞれですので、実習先と相談しながら記録の方法を決めていくことも重要です。

第2部

各実習のポイント

保育実習でのある一日

自由な遊び
子どもが何に興味・関心をもっ
て遊んでいるかを理解できるよ
うにかかわりましょう。

集団での活動（ダンス）
のびのびとできるように一緒に
踊ったり、危険がないように周
囲の様子を気にかけたりします。

登園
楽しく会話をしながら子ども
の表情などから健康状態を読
みとります。

午睡
子どもを見守りつつ、保育者
の仕事を体験しましょう。

昼食
みんなで食べる楽しさを伝え
ます。

工作
子どもたちの自由な発想を大
切にします。

降園
保護者に保育中の子どもの姿
を伝え、明日を楽しみにでき
るように元気に挨拶をします。

おやつ
保育所でおやつを食べる意味
を知りましょう。

片づけ
身の回りを整える習慣を身に
つけます。

第5章 保育実習Ⅰ（保育所実習）

① はじめての実習

①保育実習Ⅰ（保育所）の意義

　養成校での学習を経て必要な授業単位を認定されると、いよいよ実習に臨みます。はじめての実習では一定期間保育所に通い、「子どもの生活」「保育者の生活」を体験的に学ぶことに大きな意義があります。授業で学んだ理論を「実際に知る」「確かめる」「記録する」ことで疑問を確かめ、繰り返し学び、実践を通じて自分の保育観を構築しましょう。

図 5-1　理論と実践を結びつける

養成校で学んだ理論	保育所での実践	ポイント
「保育原理」「教育原理」「子ども家庭福祉」「社会福祉」「子ども家庭支援論」「社会的養護Ⅰ」「保育者論」など、保育の本質・目的に関する科目	**実際に知る（深く・広く）** 目の前の子どもとかかわってみる、深く知る（いつ・どこで・だれに・どんなふうに［表情・声・身体の動きで］・何を・何のために［想像］・したか［しなかったか］）。	**子どもを知る** 五領域でバラバラに学習した要素は、実際の子どもには渾然一体となって現れている。
「保育の心理学」「子ども家庭支援の心理学」「子どもの理解と援助」「子どもの保健」「子どもの食と栄養」など、保育の対象の理解に関する科目	**確かめる（見る・行（おこな）ってみる）** 実際の保育者の仕事（言葉・動き・思い）を感じる、真似してみる（いつ・どこで・だれに・何のために・何を・するか［見守るか］）。	**保育者を知る** 安全で充実した保育環境（人・モノ・空間・時間）を構成する様子や、子どもの育ちを支え・引き出す保育者の言葉や行動を理解し、実践する。
「保育の計画と評価」「保育内容総論」「保育内容演習」「保育内容の理解と方法」「乳児保育」「子どもの健康と安全」「障害児保育」「社会的養護Ⅱ」「子育て支援」など、保育の内容・方法に関する科目	**記録する** 保育者の仕事、子どもとのかかわりのなかでの自分の心身の動き、長所短所、人とのかかわり方を知り、記録に残し振り返る。	**自分自身を知る** これから続く学びをやり遂げる広く長い視野・しなやかな精神を鍛える！
「保育実践演習」など総合演習に関する科目		

●「はじめての実習」は信頼される大人としての準備

　学生自身が資格取得を志し、希望して取り組むのが実習です。実習を開始する前には、次の「実習の心構え」を参考に心身の準備を整え、一時の感情に流されたり安易に楽なほうに逃げたりすることなく、きちんとやり遂げる決意をしましょう。

　実習先で子どもに出会うまでに、「先生」と呼ばれ、子どもに最も近い「モデル」となるにふさわしい「信頼される大人としての姿勢・ふるまい」を身につけましょう。ここでつまずいていると、実習の目標や実習自己課題などの実習内容にたどり着くことが困難になるでしょう。「やりたい・やりたくない」「おもしろい・おもしろくない」「できそう・大変そう」などを、実習中の行動や判断のものさしにしない覚悟が必要です。

実習の心構え（例）

①実習生として自覚と責任をもち、心身ともに健康で過ごす。

②実習の目標と内容を理解し、今まで学んだ知識や保育技術などについて復習し、実習に必要な内容を自分で検討し、準備する。

③実習先の理念や方針を学び、指導に素直に従い、先生方との協力・協調を心がける。

④職務内容を理解し、何事にも熱意や誠意をもって取り組み、機敏に確実に行動する。

⑤実習生としての自覚をもち、わからないことは積極的に質問し、教えを受ける。

⑥子ども（利用者）には、誠実な態度で、愛情をもって接する。

⑦担当実習では、早期に担当者と相談し、子どもの実態に応じた計画を立てて準備を行い、責任をもって実践し、振り返る。

⑧子ども観・保育観について考えることができるように、実習先の先生方の活動から学び、反省会などでは指導や助言を謙虚に聞き、向上心をもって実習に臨む。

⑨提示された実習先のルール・規則を厳守し、実習を通して知り得た関係者の個人情報については、外部にもらさない。

●実習生としての態度

　保育や福祉の仕事は、誰からも信頼される態度、意欲や誠意を伝えるコミュニケーション力を特に必要とする専門職です。実習生も、「より多くのことを学びたいという意欲」「教えていただくことへの感謝の気持ち」「貴重な生活の場に入れていただく謙虚な姿勢」「素直で誠実な態度と信頼される行動」を、実習先の実習指導担当者や子どもたちに具体的な態度や言動で伝えることが求められますが、急にできることではありません。**今の自分のレベルを客観的に捉え、日々の授業・生活・人とのかかわりのなかで、不十分な部分を補うための練習をしてください。**

②経験者から学ぶ─先輩の振り返りから学ぶ─

　はじめての実習は、期待とともに不安もあるでしょう。先輩の実習の振り返りを共有することで、多くの学びやヒントを得ることができます。先輩の実習先の特徴や実習自己課題の違いを意識しながら、はじめての実習の前にどのように気持ちを整え、何を準備したか、実習生の一日の流れや困ったことなどを、具体的に聞いてみましょう。**個別の実習経験を丁寧に聞き、素朴なことや基礎的なこともたくさん質問して、自分自身の実習の生活を思い描けるように取り組みましょう。**

先輩！　実習前の準備、保育記録・実習日誌、保育所の役割、一日の流れ、乳児や幼児の生活の様子……子どもとのかかわり、子ども理解、実習生としての心構え、指導担当者とのかかわり方、質問方法、部分担当実習について教えてください！

たくさん質問があるのね！去年の私のようだわ！

② 事前学習1 —実習の目標を知る—

①実習の目標の理解

　保育実習1（保育所）の実施に際して、実習中に実習生が共通して目標とする内容（共通実習課題）が次のように規定されています。この目標は、はじめての実習から最後の実習・資格取得に向けて、段階をふみながら成長していくように設定されています。

> **保育実習1（保育所）の目標**
> ①保育者の指導から、実習園の概要と保育の内容、保育所の目的と機能の実際を学び、保育所の特徴や一日の生活を理解する。
> ②観察やかかわりを通して、子どもの心情・育ちの姿、保育所の生活と多様な保育内容を学ぶ。
> ③学習した知識・技能が実践の中で展開する様子を観て学びを深め、実習自己課題を達成するように努める。
> ④保育所保育士の役割や仕事の内容を知り、必要な姿勢・社会的な常識・信頼される態度等を学ぶ。

　資格を取得する正式な実習として、「何のために」この実習を行うのかを理解することは、保育士になるためにはどのような知識と能力が必要なのかを自覚することであり、とても重要です。

　はじめての実習では、まず「保育所の生活」を体験的に知ることが求められています。そして、その生活のなかで、これまで養成校の授業や課題を通じて学んだ「保育に関する理論」を土台に、保育士の具体的な仕事の内容・役割について理解することが求められています。

　さらに、実習先の保育所が地域社会のなかでどのような役割を果たしているかを見ることで、社会のなかで「保育所」や「保育士」が必要とされる理由や状況を学びます。

　ここで大切なことは、実習では、「養成校の勉強とはまったく違うことを学ぶ」「養成校では学べないことをする」のではなく、養成校で学んだ「保育所」「保育士」「福祉」などに関する理論や知識を、「ある保育所」での一定期間の生活のなかで、見て・聞いて・触れて・行動して、具体的・体験的により深く学ぶことが目標となることです。次のステップ（p.70）で、上記の実習の目標をもとに実習自己課題を立てますが、その際には、授業で用いた教科書や課題の学習内容を参照して取り組んでください。

②目標達成のために実習中にすべきことの理解

　実習期間は長いようで短いものです。それぞれの段階の具体的な学習内容を確認し、実習中にするべきことをしっかりと理解してください。

表 5-1　保育実習Ⅰ（保育所）の実習段階と学習内容

段階	学習内容	具体的な内容
オリエンテーション	○保育者からの指導や観察により、保育所の目的や役割（実習園の概要・保育の特色）を理解する	・園の成り立ちや沿革、保育理念、保育方針・園の地域特性・園内の環境構成・園児のクラス分けの形態と特徴等の園の概要を学ぶことで、保育所の目的や役割を理解する。 ・園の職員構成や役割分担を知り、クラス運営以外に保育者が担う役割・業務分担を知る。 ・園の諸規則・注意事項の指示を受け、それを守る。 ・実習先からの実習課題を知り、実習自己課題を立てて臨む。
観察実習	○保育所の一日を理解する ○子どもの姿や発達に応じた保育の展開を観る ○保護者と保育者とのコミュニケーションを通して、家庭支援における保育所の役割について理解する	・一日の生活の流れを知り、保育者の働きかけと子どもの心情・生活の相互関係を実際に見て学ぶ。 ・年齢・発達・個々によって様々な子どものありのままの育ちの姿（食事、排泄、生活習慣、遊び、興味の様子等）をよく観察する。 ・連絡帳の内容や送迎時の会話等から子どもの育ちを支える保護者との連携の実際を知る。
参加実習	○子どもの活動に積極的に参加し、子どもの理解・多様な保育内容の理解に努める ○個々に応じたかかわり方について学ぶ ○子どもの最善の利益を尊重したかかわりや配慮を学ぶ	・子どもと積極的にかかわってその心情や発想に触れ、一人ひとりの個性や発達の過程の違いを理解しようとする。 ・「実習自己課題」や学びの視点を意識して意欲的に取り組み、学習した知識・技能が実際に展開する保育の様子を学ぶ。 ・保育者と共に保育活動に参加し、環境整備・衛生管理・安全及び疾病予防等、多様な保育士の仕事を経験する。 ・保育者としての倫理・常識や振る舞いを身につける。
担当実習	○部分実習、保育の一部を担当する〔部分担当（部分責任実習）〕 ○全日実習を体験する〔全日担当（全日責任実習）〕 ○集団活動での保育実践を学ぶ	・担当実習（部分・全日）の日時と内容は早めに相談し、助言・指導を受けて子どもの実態に即した計画を作成、具体的に準備を行う。 ・個別的配慮と集団活動の保育の留意点、様々な支援の必要な子ども（発達支援・心身の特性や状況・問題と思われるような行動）の正しい理解と対応について指導を受ける。

③ 事前学習Ⅱ ―実習自己課題を立てる―

①「実習自己課題」＝「私の実習テーマ」の意義

　まず、「実習の目標」（p.68）と「実習自己課題」の相違点を確認しましょう。「実習の目標」はすべての実習生の共通課題として設定されています。重要な課題なので、非常に多岐にわたり、実習中の様々な事柄を網羅しています。しかし、あらゆる場面のすべてのことを達成しようとしても、具体的に何に取り組んだらよいのかが見えづらく、結局、時間ばかりが過ぎてしまうこともあるようです。そこで、一人ひとりの実習の目標としての「実習自己課題」＝「私の実習テーマ」を設定し、より具体的で充実した実習を目指します。

②実習自己課題を立てるうえで大切なこと

　「実習の目標」の内容や、養成校の授業で学んだ保育実践の大切なポイントに基づいて、自分自身の興味・関心や得意・不得意な事柄、これまでの経験と結びつけて、「実習自己課題」を立てましょう。「保育者としての実践力や資質を高めるために、この実習で自分は何を学びたいか」「授業での保育に関する学びを振り返って、実践を通して自分が理解したいと思うこと、身につけたいと思う力はなにか」などの視点で、表5-1（p.69）の「具体的な内容」から、自分にあった実習のテーマを探すとよいでしょう。

　ここで大切なのは、「はじめての実習」からあまりに大きなテーマや、背伸びしすぎて到達することが難しい目標を立てず、実習中に実行できる実習自己課題を立てましょう。次の「先輩の実習自己課題・テーマ（例）」を参考にしてください。

先輩の実習自己課題・テーマ（例）

・保育所の一日の流れを知り、保育者や子ども同士の遊びや生活の姿を学ぶ。
・次の活動を予想して、積極的に子どもとかかわり、必要な声かけを行う。
・子どもの動きをよく見ること、言葉をよく聞くことを通して、子どもの思いに気づけるようにする。
・月齢・年齢による子どもの発達の違いを知り、言葉や振る舞いを工夫してかかわる。
・天気や時間帯、活動の種類、そのときの体調などの違いによる、子どもの心身の変化を知る。
・生活の場として、安心・安全な環境設定や配慮の実例を具体的に学ぶ。
・子どもにかかわる際の保育者の言葉や行動を丁寧に見て、その意味や理由を学ぶ。
・一人ひとりの子どもにかかわりながらクラス全体の子どもたちにも目を配る、保育者の状況に応じた適切な援助について、よく見て学ぶ。

③実習自己課題を書いてみよう

　具体的な実習自己課題が定まったら、それを実習先に伝えるために文章にまとめてみましょう。実習先の職員が一読してわかるように簡潔に書くことが大切です。また、実習自己課題は実習事後指導に活用するので、振り返りを行いやすいように具体的に書きましょう。

WORK　実習自己課題を立てる

---

①実習自己課題・私の実習テーマ
POINT　1 つか 2 つにしましょう。

②課題（テーマ）の具体的な内容
POINT　実習自己課題をもう少しわかりやすく、具体的な場面などを例示しながら書きましょう。

③課題設定の理由
POINT　なぜ、それが実習自己課題となったのか、設定理由がわかるような文章で書きましょう。

④具体的な取り組み方法
POINT　実習自己課題の達成のために、事前にどのような学習をするのか具体的に書きましょう。

（a）

（b）

---

④ 事前学習Ⅲ ―実習先を知る―

①実習先の概要の理解

「『実習先の概要』の記入」（p.54）で学んだように、実習先の概要をよく理解したうえで実習に臨む必要があります。なぜなら、保育所は、「歴史・理念」「保育方針・目標」「利用する子どもたちやその家族の実態」をもとに、それぞれに創意工夫を重ねて保育を展開しているからです。また、「住宅街、商業地、駅が近い地域」「田畑や樹木の多い地域」「大きな川や公園のそばにある」などの環境や、「小規模でアットホームな雰囲気」「多くの子どもを大勢の保育者で援助するダイナミックな保育」などの規模の違いによっても、保育の実践や生活の流れに特色が現れます。

つまり、実習先の概要の理解は、実習先の日々のプログラムや保育目標・保育内容が設定された理由を知るうえで欠かせないステップであり、自分で保育計画を立案する力を育む助けとなるわけです。

WORK 実習先の概要

①実習先の基本情報
POINT 沿革や周囲の環境についてまとめましょう。

②実習先の理念
POINT 保育方針・保育目標など、園が大切にしていることをまとめましょう。

③実習先のクラス
POINT 編成や人数、クラスの名前などを書きましょう。

④実習先の保育内容
POINT 特徴や曜日別プログラムなどを書きましょう。

⑤実習先で知りたいこと
POINT 保育内容や保育方法、一日の生活の流れなどにおいて、現時点ではよくわからない点を挙げてみましょう。

⑥実習先で学びたいこと
POINT 実習先について、興味をもった内容や実習を通して学びたい内容について具体的に書きましょう。

②事前準備

　実習に向けた取り組みについての自己診断を通して、実習に必要な事前準備を確認し、具体的な準備や練習などの事前学習に取り組みましょう。

実習事前準備についての自己診断のポイント（例）

☐ 実習先について、様々な資料を活用して自分で調べた。
☐ 通勤手段・時間帯の確認を行った。
☐ 実習の目標やその内容を理解した。
☐ 実習先の一日の流れを把握している。
☐ 実習先の理念や内容について、どこに共感したかを話すことができる。
☐ 実習先の理念や内容を理解したうえで、自分の個性や長所を生かすことに努力できる。
☐ ボランティアに参加した後、自分なりの学びや得たものがある。
☐ 学内の実習授業に 1 回も欠席・遅刻せずに出席した。
☐ 学内の実習授業の内容を理解することができた。
☐ 学内の実習授業で、実習中に知った事柄について他者にもらしてはならないこと（守秘義務）を確認した。
☐ ホウキやチリトリ、雑巾、洗濯機などの清掃用具を正しく使えるように、普段から練習している。
☐ はさみ、カッター、のりなどの道具を正しく使えるように普段から練習している。
☐ ピアノや手遊び、紙芝居・絵本の読み聞かせなどの練習を、友だちなどの前でしたことがある。
☐ 子ども（利用者）を理解するために事前に十分学習をした。
☐ 子どもの年齢別に合った教材（手遊び・絵本など）を用意している。
☐ 提出物は提出前に誤字脱字などがないか、見直しをしている。
☐ 提出物はシワにならないようにクリアファイルなどに保管している。
☐ 提出物は提出日に向けて前もって準備を行い、期限を守って提出している。
☐ 子どもや家庭、保育や福祉に関する時事や情報、思想に普段から触れるように努力している。
☐ 実習の目標や課題を明確に話すことができる。

⑤ 指導案の立案・作成

①担当実習実施までの流れ

　32ページで示したように、実習は段階により深まっていきます。担当実習（部分実習・責任実習）では、実習生自身が保育を立案して実習します。まずは実習先で行う担当実習までの流れを確認しておきましょう。

担当実習実施までに実習生が行うこと

①オリエンテーションで担当実習実施をお願いする。指導計画やクラス便りなどの資料を見せていただけないかお願いをする。
②実習初日にも実習指導担当者と担当実習実施のクラスの担当の先生に再度お願いと確認をする。
③担当実習の実施日が決まったら、クラスの担当の先生と相談しながら活動内容を決定し、指導案を作成する。
④担当実習実施のクラスの先生と連絡を密にとり、クラスの様子や子どもの実態、生活の流れなどを理解する。
⑤実施3日前には、実習指導担当者に指導案を提出し、指導していただく。提出日時はしっかり確認し、約束は確実に守る。
⑥担当実習実施日に指導案を提出する際には、当日指導していただく人の分もコピーを取り、当日の朝にお渡しする。
⑦実施後の自分の気づきや改善点を、反省会にて担当の先生に説明できるようにする。
⑧指導案の反省・考察を記入し、次の日の朝に毎日の記録とともに提出し、助言をいただく。

②指導案の立案・作成のポイント

　実習生が子どもの興味・関心や発達の過程に応じて活動を提案するためには、実習前に様々な学習の復習や**教材研究が必要**です。また、指導案を作成し、担当実習を行う際には、自分が関心のあることややりたいことだけを盛り込むのではなく、下記のチェック項目を考慮しましょう。また、33ページと右ページの図5-2を参照し、指導案記入のポイントを理解しましょう。

指導案（指導計画）の立案、担当実習実施についてのチェック項目

計画している活動は、
- □子どもの年齢・発達・興味・関心に合っていると思いますか？
- □季節感、日ごろの保育活動の流れに合っていそうですか？
- □教材や道具などの準備は整っていますか？
- □担当の先生と打ち合わせができていますか？

活動の実施に向けて、
- □指導案は事前に担当の先生にチェックしていただきましたか？
- □場所、時間、物品の借用の確認はできていますか？
- □子どもの様子を予想し、留意点や配慮を考えていますか？
- □前後の生活の流れとの連続性や時間配分を考えていますか？

図5-2　部分担当実習の指導案の記入のポイント「一斉担当型」「コーナー担当型」

●現在の（乳）幼児の姿

- ・「予想される子どもの姿」「子どもの実態」
- ・目の前にいる子どもたちの様子に注目し、何に興味があるのか、特徴や傾向をおさえる。
- ・可能であればクラス担任に、今までの子どもたちの姿を尋ねるとよい。
- ・教科書や「保育雑誌」などを参考にし、「ねらい」や「（乳）幼児の経験する内容」に結びつく子どもの姿も書く。
- ・この時期にどのような長期の計画を保育内容として立てているのかも調べてみるとよい。

●ねらい

- ・この指導案用紙に記している具体的な活動を行う理由（保育者の願い）がわかるようにする。「〜を知る。〜を楽しむ。〜気持ちをもつ。〜を味わう。〜経験する。」
- ・この活動（今日の一日）で子どもの気持ち（心情・意欲）、行動（態度）がどうなってほしいのかを書く。

●（乳）幼児の経験する内容

「現在の（乳）幼児の姿」が左記のようだから、上記のような「ねらい」を立て、実際にはこのような活動内容を行う、ということがわかるように書く。「〇〇をすることを通して〜」

●前日までの準備

- ・「〇〇を〇個準備しておく」「〇〇について考える」など。
- ・何をどのように準備・設定しておくのかも書く。

「活動名」や「完成図」
ゲーム名や作品名、活動名が明記できる場合は書くとわかりやすい。

時刻	環境の構成	予想される（乳）幼児の活動	保育者（実習生）の援助と留意事項

【導入部分】
　ここで楽しもうとしていることがどのような遊びで、どんなに楽しい内容なのかが子どもたちに伝わり、子どもが遊びをイメージして、興味や意欲が湧く内容が必要である。→「おもしろそう、やってみたい！」
　子どもを集めて一緒に遊ぶ場面（一斉活動）には、保育者側のなんらかの意図がある。導入では、なぜ子どもに集まってもらったのかが、子どもにわかる説明が必要である。
　また、集まってくる間には時間差が生じるので、早く集まった子たちに配慮するかかわりが必要になる場合が多い。
　具体的にどのような遊びなのかの説明（やり方、作り方、ルール、手順など）が子どもにとってわかりやすいことが重要である。

【展開部分】
　子どもが実際に行ってみたときに、不安になりそうな事柄（わからない、難しい、うまくいかない、緊張するなど）を推測し、やりたい気持ちが折れずに持続できるかかわりを考える。
　子どもの実態を考え、活動のなかで、保育者にとっても意外な気づきや驚きを表現する子どもを想定し、認めたり、新たな環境を用意したりできるように計画する。
　保育者が立てたねらいに即して楽しめている子には、より面白くなるような次の手を考えておく。
　ゆっくりと徐々に楽しさがわかってきた子に対して、その姿を認め楽しさを共有するかかわりを考えておく。

決められた時間のなかで自分がどのように保育をすすめるのかイメージする。
すべてが時間内におさまるように考える。

ねらいを実現するための意図的な環境構成について記述する。環境を構成するにあたって、遊具や用具、素材などの物的環境についても具体的に記入する。

自分の働きかけや環境設定によって、一人ひとりがどのように活動するのか、具体的にイメージしながら記入する。あらゆる場合を想定し、子どもの姿を思い描き、ねらいに基づいた声かけや環境の再構成まで具体的に考えることが大切である。
「様々なことを想定し、対応を引き出しとして持っておく」ように……

手順や作り方などを図示する時は、四角で囲むなどしてわかるようにする。

【まとめ部分】
　ねらいに即して、みんなで一緒にした活動のおもしろさを味わい、子どもたちの気づきや新たな発見に目を向ける。
　この活動が今後の園生活のなかでおもしろく展開していく可能性があることを示唆したり、同じ活動でもまた新たなねらいをもった活動となることを視野に入れておく。→「またやりたいね」「こんどはこうしてみたらもっとおもしろいかもね」

⑥ 事後学習─実習の振り返り─

①自分の学びの振り返りと主な指導・助言

はじめての保育所実習を終えて感じたことや、保育者からの指導や助言（日々のコミュニケーションや実習終了時の振り返り、実習の記録へのコメントなど）の内容を具体的に示し、今後の対策を書きましょう。

WORK 保育実習Ⅰ（保育所）の振り返り

①保育所実習で一番がんばったこと・成長したと思うこと
②保育所実習で一番大変だったこと・つらいと思ったこと
③保育者からの指導・助言 （a） 【今後の対策】
（b） 【今後の対策】

②学びの情報交換・グループディスカッション

学生同士で実習での経験や学びを伝え合い、学びを深めます。「評価されたこと」「気づいたこと」はもちろんのこと、「うまくできなかったこと」「解決できなかったこと」も含めて情報交換をしてください。あなた自身や他の学生にとって今後の実習の糧になります。また、①どのような保育理念（地域、立地、沿革、規模など）の実習先だったのか、②特に学び得たことは何か、③学生同士でどのようなトピックス（子どもや保育士とのかかわり、担当実習、事前準備、保育記録、子どもへの理解、保育所の機能や役割、実習先の特色など）で議論が深まったのかを発表することも、お互いの学びをまとめ、共有化するためには大切です。

③保育実習 I（保育所）の振り返り曲線シート（私の実習曲線）

　実習での「体調」と「モチベーション」を軸として曲線で示すことにより、自己分析を行います。自分の長所を理解するとともに、今後の課題を明確にすることが目的です。実習での様子を思い出しながら、46 ページの記入の方法をよく読んで進めていきましょう。

WORK　**保育実習 I（保育所）の振り返り曲線シート（私の実習曲線）**

学籍番号		氏名	

自信をもったこと、そしてさらに向上させたい点（発展的な実習自己課題＝自分の長所を伸ばそう）

プラス面の要因を吹き出しでコメント記入（保育者からの指導内容や成果について記述を入れる）

テーマ：黒線「体調の変化」、赤線「モチベーションの変化」

実習前	／	／	／	／	／	／	／	／	／	／	／	／	／	／
5														
0														
-5														

マイナス面の要因を吹き出しでコメント記入（保育者からの指導内容や成果について記述を入れる）

今後の学びが特に必要なこと・実習自己課題（省察的課題＝自分に必要なことを見つめ、具体策を考えよう）

④自己評価と保育所からの評価の照合

　自身の学びや課題を明確にし、次の実践につなげていくために評価を行うことは大切です。実習事後指導のまとめとして、現場での実習においての自己評価と保育所からの評価（他者評価）の違いを認識し、他者から見た自分自身の長所や課題、保育を学ぶ学生として求められていることなどを再確認しましょう。第3章②(p.42)を参照してワークを行いましょう。

WORK 保育実習Ⅰ（保育所）の評価の照合

年　　　月　　　日

| 園名 | | | 学籍番号 | | 氏名 | | |

	評価項目	具体的な内容	非常に優れている	優れている	適切である	努力を要する	非常に努力を要する
子どもと保育の理解	保育所の理解	・保育者からの指導や観察により、保育所の目的や役割の実際を理解する。					
	一日の流れの理解	・保育所の一日を理解する。 ・保育者の働きかけと子どもの相互関係を実際に観て学ぶ。					
	子どもの発達と実態の理解	・観察やかかわりを通して、子どもの心情や一人ひとりの発達の過程の違いを理解しようとする。					
	保育の内容・展開の理解	・学んだ知識・技能が実際に展開する様子を観て理解する。					
実習の姿勢	主体性	・主体的に保育に参加し子どもとかかわる。 ・環境整備・衛生管理等、多様な保育士の仕事を経験する。					
	意欲・探求心	・学ぶ意欲をもって実習に取り組む。 ・日々の実習を振り返り、次の実践に向け意欲的に助言を生かそうとする。					
	勤務姿勢・保育士の職業倫理の理解	・遅刻・早退等なく出勤する。 ・社会的な常識や振る舞いについて改めて自覚し、信頼される人になろうとする。					
実習自己課題	「実習自己課題」への取り組み	・事前学習での「実習自己課題」や学びの視点を持って実習に臨み学びを得る。					
	実習ルールの理解	・事前学習で学んだ実習の規定・課題等を理解し適切に実行する。					

総合所見	優れていた点・期間中に成長や努力が見えた点
	次の実習への課題

評価を照合して感じたこと学んだこと・今後に生かしたいこと

Q&A 【 はじめての実習 】

Q1. はじめての実習が不安です。どうしたら前向きになれますか？

A1. まず、事前学習課題を確実に行い、本書や実習授業で配布されたプリントなどを、はじめから落ち着いて読み返してください。実習に必要な準備やコツが必ず書いてあります。入学してからコツコツと学習したこと、書いたこと、歌った曲、作ったモノに、実習準備のほとんどが含まれています。あなたのなかに眠っている学習の成果の一つひとつを手に取って振り返り、確認しましょう。急に新しく何かを身につけようとあせらず、まずはこれまでの学習の成果やその応用を実際に子どもとの生活のなかで実践し、できないことは反省して、実習先の指導に沿って改善すれば大丈夫です。

　準備の段階で、もし達成できていない課題や不充分だと感じる部分があれば、今から補ったり、友だちと復習したりするとよいでしょう。さらに学んだことを土台に、具体的な教材・素材・絵本・活動プランなどを多めに準備することで、前向きに実習に臨めると思います。

Q2. オリエンテーションで、実習生は朝8時に集合するようにと伝えられました。8時に到着すればいいですか？　また、実習終了時間になったら帰ってもいいでしょうか。

A2. 「朝8時に集合」とは、保育所に到着して教職員全員に挨拶し、ロッカーで身支度を済ませ、8時からすぐ仕事に取りかかれる状態をいいます。最低でも30分前くらいには到着する必要があるでしょう。身支度が終わったら、いつまでもロッカーや実習生控室にいないで、積極的に環境整備の仕事をしたいと申し出ましょう。ただし、実習先によって事情があるので、迷惑にならずに保育所内に入れる時間や入り口を確認しましょう。

　実習終了時間はあくまでも目安です。その日のあなたの実習内容や翌日の保育計画に応じて事前の予定が変更される場合がありますから、勝手に着替えや帰宅準備をしてはいけません。「ほかに何かさせていただくことはありませんか」と確認して、一日のお礼と先に帰宅準備を始めることを詫びてから、ロッカーや実習生控室に向かいましょう。

Q3. 名札やエプロン、コップなどを用意することになりました。気をつけることがありますか？

A3. 持ち物や服装などは、保育所ごとに異なるルールがあります。準備する際に不安や迷いがないように、オリエンテーションの際に具体的に詳しくうかがいましょう。たとえば、テレビや映画などのキャラクター商品を許可している保育所と子どもも含めて禁止して

いる保育所があります。また、同じ保育所でも子どもの年齢によって、注意すれば名札を安全ピンで留めてもよいクラスとホックやボタンで留めるように指定されるクラスがあるなど、発達に応じた配慮が必要な場合もあります。

　生活の様々な場面にその保育所の保育観・子ども観が具体的に現れており、持ち物のルールにも理由や目的があります。その点を含めてうかがうようにしましょう。それらを丁寧に注意深く読み取ると、その保育所の保育実践をより深く理解する助けになります。

Q4. 乳児クラスから5歳児クラスに配属されます。注意することはありますか？

A4. 各クラスの運動機能や言葉の理解の様子、必要な生活や排泄の支援、健康や安全管理、興味や関心などを理解し、保育者の実践を模倣して子どもとかかわる必要があります。「乳児保育」「特別支援保育」「保育内容5領域」「保育の総合的指導法5領域」などのテキスト・配布プリントを参照して、月齢や年齢に応じた発達段階、生活や遊びの様子が記載された一覧表などを整理しましょう。言葉をかける時、教材や遊具、絵本、歌を選ぶ時、活動を計画する時に必ず参考にしてください。

　さらに、発達過程を理解することの大切さと落とし穴にも注意してください。おおよその育ちの道筋を参考に「この先どう育っていくか」を見通すことができれば、現在の子どもの姿にだけ右往左往、一喜一憂せずに長い期間を見通した援助を行うことが可能になります。

　一方、その年齢・時期の「達成すべき目標」を意識しすぎて、一般的な発達の姿のモデルどおりでない子を「ダメ・遅れている」と決めつけてはいけません。子どもを見る目が狭められ、一人ひとり違う「発達の様子・姿」を読み取れなくなります。発達の理論を土台に、生活のなかのそれぞれの姿、一人ひとりの成長と丁寧に向き合う経験を積んでください。

Q5. 「なにか質問はありませんか？」と聞かれても、とっさに何を質問したらよいのかわからずに黙り込んでしまいます。やる気がないと思われないか心配です。

A5. 多くの実習生から相談される悩みです。はじめのうちは緊張しているので、聞きたいことがあってもとっさに質問が出てこないことがあります。逆に、実習が順調に進んで慣れてくると、特別に質問をすることが毎日あるとは限らないと感じたりするようです。

　緊張して質問を思い出せない場合は、黙っていないで「うかがいたいことがあったのですが思い出せません。午睡の時間にあらためて質問してもいいですか」などと、正直に伝えましょう。そこから会話が広がり、コミュニケーションがとりやすくなる場合もあります。

　また、「○○○の活動が印象に残りました。これは□□□を目的に計画されたのですか」「お当番さんが△△△をするのは○歳クラスからですか」「A君とBちゃんのケンカの場面で声をかけるのか迷いました。先生はいつもどうされていますか」など、その日に印象に残った子どもや実習先の先生の言葉・行動、理由などを質問して理解を深めましょう。

Q6. できないことや失敗が多く、日誌にそのまま書くと反省ばかりでうまってしまいます。どうしたらいいでしょうか。

A6. はじめての実習では誰でもうまくいかないことが多いです。しかし「できそうなことだけやる」「できそうになるまで（自信がもてるまで）やらない」よりは、失敗を恐れずに何でも積極的にやってみることが大切です。「やってみませんか？」とすすめていただいたことは、すべて行ってください。「うまくできるか」「失敗しないか」とビクビクしすぎずに、一生懸命に取り組みましょう。

　言葉には「力」があります。「○○○ができなかった…」ばかりを毎日書いていると、どんどん実習が嫌になり、自分の学びを客観的に自覚することができません。実習先の先生も指導が無駄になったようで、読むのがつらくなります。

　新しく知ったこと、前より少しでもできるようになったこと、もっとできるようになりたいと意欲が出たこと、やってみよう・やれたらいいなとあこがれや夢をもてたことを探して記述しましょう。また、一人でできるようになったわけではないので、必ず子どもや先生への感謝の言葉を伝えましょう。

Q7. 「どんどん積極的に子どもたちにかかわってください」と言われますが、遊んでいる子どもたちの邪魔になりそうで、どうしたらよいかわかりません。

A7. 困っている子どもを助ける・できない子どもに教えることだけが保育者の仕事だと勘違いする場合があります。実習中にも、「ケンカをしていないか」など、困っている子どもを探す（見張る）ことばかり気にかかり、元気に遊んでいる子どもにどうかかわったらよいか迷う場合があるようです。

　子どもが興味や関心をもって活動に取り組み、充実した楽しい経験のなかで成長を得られるように生活を豊かにすることこそ保育の大切な仕事です。遊びの場面では、その遊びの「何が」「どうして」そんなに楽しいのか、子どもの表情や言葉・動きから想像してみましょう。「今度は絶対に鬼に捕まらないぞ！」「どの色を塗ったらおいしそうに描けるかな」「かっこいいシュートを入れたい！」など、遊びに取り組む子どもの思いを読みとったら、一緒に参加して、その感動がもっと大きくなるように声をかけてみましょう。あなたのかかわりによって、子ども同士のつながりや理解が深まり、その遊びが豊かに展開して子どもの成長を促すことができます。なにより子どもから親しまれ、信頼される「保育者の喜び」を実感する素敵な経験になると思います。

column

保育者の仕事の魅力

　保育者の仕事の魅力は、なんといっても子どもの成長していく姿を間近で感じられることでしょう。「昨日までつかまり立ちをしていた子どもが一歩歩いた」「ずっと練習していた逆上がりができるようになった」「自分の思いを言葉で相手に伝えることができた」など、保育所の中には、子どもたちの "できた" があふれています。そこには、保育者が子どもの姿をしっかりと捉え、必要な時にはさりげなく手を差し伸べながらも、子どもの成長する力を信じ、見守っていた姿があったのではないかと思います。

　はじめて一歩歩いた子どもの足の裏はふわふわと柔らかいのですが、親指のあたりだけ皮膚が固くなっていたり、皮がめくれていたりすることがあります。また、自分の思いを伝えられた子どもの目には、実は今にもあふれ出しそうな涙でいっぱいのときがあります。"できた" は一瞬のことですが、その一瞬に至るまでの過程にはたくさんのドラマがあるのです。小さな体で、昨日の自分を超えていこうとする子どもの姿を見ることができたとき、その瞬間に、保育者は言葉では言い表せないほど心を動かされるのです。

　また、保育者に求められている大きな役割のひとつに、子育て支援があります。2018（平成30）年4月に、保育所保育指針、幼稚園教育要領、幼保連携型認定こども園教育・保育要領の3法令が施行され、いずれにおいても、地域のすべての子育て家庭への支援の充実が明記されました。特に保育者は、以前から地域全体の身近な子育てのパートナーとしての役割を果たしてきました。それは、ときに大変なこともあるかもしれません。しかし、保育の専門家として保護者に寄り添い、その役割を果たすことができたなら、また新たに、保育者という仕事の魅力に気づくことになるでしょう。

　保育者の仕事の魅力は、まだまだたくさんあります。あなたの思う保育者の仕事の魅力を保育現場でぜひ発見していただけたらと思います。

第6章 保育実習Ⅰ（施設実習）

① 施設実習とは

①施設実習とは

　保育士の職場として真っ先に思い浮かぶのは保育所でしょう。しかし、保育士国家資格をもつ人は、保育所だけでなく施設でも活躍しています。保育所に勤めている保育士を保育所保育士というのに対し、施設に勤めている保育士を施設保育士といいます。

　厚生労働省は、保育士国家資格を取得するために施設実習が必要であることを定めています。その実習は、以下の施設種別のいずれかで行うように示されています。それらは、乳児院、児童養護施設、母子生活支援施設、児童発達支援センター、障害児入所施設、障害者の支援施設、児童相談所の一時保護所、児童館と多岐にわたります。

②施設での実習の意義

　保育士の職務でかかわる対象者には幅があるため、保育士国家資格を取得するためには、それぞれの対象者が有する生活課題に対応できる知識と力量が求められます。それらを身につけるための重要な学びのひとつが施設実習です。

　こんにち、子どもや保護者や家庭を取り巻く状況や生活課題は多様化しています。家庭での養育が難しかったり、その家庭にとって施設利用が必要だったりする状況は決して少なくありません。ですから、単に資格取得のために施設実習を行うわけではありません。また、決まりだから仕方なく行うのでもありません。この実習は、社会福祉の仕組みの一端を実践から学び、**他者理解に努め、実習生自身が自分を見つめる機会**です。つまり、施設実習は他の実習と同様に重要な学びのときなのです。

③施設実習の特徴

　保育所や幼稚園での実習と大きく異なることが、施設実習にはあります。それは**生活の中に入っていくことが多い**ということです。保育所や幼稚園や認定こども園には、そこで寝泊まりして生活している子どもはいません。それに対して多くの施設は、そこが生活の場です。このような施設を**入所型施設**といいます。

　ところで、みなさんはよその家に入ることが許されて、その家に入っていく時はどのように挨拶しますか。「失礼します」または「おじゃまします」ではないでしょうか。多くの施設で、子どもや利用者（施設を使っている人のこと）はそこが「家」です。ですから、生活の場に入る際に必要なのは、「失礼する」や「おじゃまする」という心構えなのです。

　もし、みなさんの家に実習生という他者が入ってくるとしたらどのように感じますか。また、その実習生とともに食卓を囲んだり、実習生がプライベートスペースに入ってきたりすることを想像できるでしょうか。かなりの覚悟が必要となり、ストレスが生じることだとは思いませんか。そのように考えると、「失礼します」や「おじゃまします」という気持ちで、「学ばせていただく」という心構えが必要なことは理解できるでしょう。

　子ども（利用者）が生活する場に実習生として入っていくことの意味を「自分に置き換えて考え」、どのような心構えが求められるかを一人ひとりがしっかり考えたうえで、実習の準備をしていく必要があります。

　なお、子ども（利用者）が、自宅から通ってくるタイプの施設もあります。このような施設を通所型施設といいます。まずはこの違いを確認しましょう。

表 6-1　施設のタイプ

施設のタイプ	子ども（利用者）の利用方法
入所型施設	寝泊まりしてそこで生活している
通所型施設	自宅から施設に通ってきている

④実習形態・勤務形態（宿泊実習と通勤実習、定時勤務と変則勤務）

　施設実習では、実習生の実習形態にも特徴があります。これは、実習する施設によってさまざまな違いがあります。

　まずは、実習生が実習するにあたって、その施設に泊まり込むか、自宅から通うかの違いです。泊まり込んで行う実習を宿泊実習といいます。多くの場合、施設の敷地内にある実習生向けの建物や部屋を使わせていただきます。一方、自宅から施設に通いながら行う実習もあります。これを通勤実習といいます。

　また、実習生の勤務形態も施設によって異なります。定時勤務とは、実習する時間が一定であるものです。これに対し、変則勤務とは、さまざまな勤務体制（シフト）がある勤務です。子ども（利用者）の生活に合わせて、早番や遅番があったり、長い休憩時間をはさんだり、施設によっては日付をまたいで、夜勤や宿直などをしたりすることがあります。

表 6-2　実習生の実習形態・勤務形態

実習形態	宿泊実習	実習生が施設内の実習生用の部屋や宿舎に泊まり込んで実習する
	通勤実習	実習生が自宅から施設に通って実習する
勤務形態	定時勤務	実習生の勤務時間がおおむね一定（一般的に朝から夕方）に組まれている
	変則勤務	子ども（利用者）の生活に合わせ、変則的に実習生の勤務体制が組まれている

⑤施設種別ごとの機能や役割を深く理解する

　施設実習は実習先の種別がさまざまで、施設種別により様々な機能や役割をもっています。また、それによって対象となる子ども（利用者）の年齢層が異なり、実習内容や実習中に注意すべきことにもそれぞれ違いがあります。そのため、**実習先について、種別ごとの機能や役割を自ら知ろうとする意欲が不可欠です**。どの種別で実習したいのか、その種別で何を学びたいのかを考えないままで、施設実習の準備を進めていくことはあり得ません。教科書などをよく読んでみたり、施設実習を終えた先輩の話などにも真剣に耳を傾けてみるなど、自分の頭で深く考える「調べ学習」を大切にしましょう。

　必ずしも希望した施設種別で実習ができるわけではありませんが、保育士資格はどのような施設でも生かすことができます。自ら「調べ学習」をしっかりとすることを通して施設への知識や関心を高め、**どの種別に配属されることになっても受け入れる心構えをもちましょう**。

⑥実習先についての「実習情報」を把握する

　施設での実習を通した学びは、経験値を確実に高め、人間性の幅を広げます。そして、この実習が最初で最後の施設で過ごす日々になるかもしれません。それらを考えると、「調べ

表6-3　施設種別ごとの支援の概要

施設種別	施設の特徴の概要
乳児院 （→ p.94 を参照）	虐待されていたり、養育環境が適切でなかったり、保護者がいなかったりする、おもに乳児を養育するための入所型施設。
児童養護施設 （→ p.96 を参照）	虐待されていたり、養育環境が適切でなかったり、保護者がいなかったりする子どもを養護する入所型施設。子どもの家庭の役割を担い、生活支援、学習指導、家族環境の調整などを行いながら、養育と自立に向けた支援を行う。
母子生活支援施設 （→ p.98 を参照）	夫などによる暴力から逃れ、保護や支援を必要とする母親と子どもが生活しながら自立を目指す入所型施設。ひとり親家庭の保護者が残業などで帰宅が夜間になる時、放課後に夕食の提供などを行う「トワイライトケア」を行う施設もある。
児童発達支援センター （→ p.100 を参照）	障がいのある幼児が保育や教育を受ける通所型施設。福祉サービスを行う「福祉型」と、福祉と医療とあわせて行う「医療型」がある。
障害児入所施設 （→ p.102 を参照）	障がいのある児童に日常生活の指導及び自立に必要な知識や技能をつけてもらうための入所型施設。福祉サービスを行う「福祉型」と、福祉と医療をあわせて行う「医療型」がある。おもな入所理由には、障がいによって家庭生活が難しい場合と、障がいに加え不適切な養育が重なる場合がある。
障がい者の支援施設 （→ p.104 を参照）	【障害者支援施設】障がいのある成人の生活を支援する入所型施設。支援の中心となる「施設入所支援」では、夜間から早朝にかけて支援し、昼間の支援を行うサービスにつなげる役割をもつ。 【指定障害福祉サービス事業所】「生活介護」や「就労支援」など、障がいのある成人の日中の活動や就労に向けた支援をする通所型施設。障害者支援施設やグループホームや自宅などから通所する利用者に、それぞれ必要なサービスを提供する。
児童相談所一時保護所 （→ p.106 を参照）	虐待などの理由で保護が必要な子どもを、一時的に保護するために児童相談所に付設された施設。
児童館 （→ p.108 を参照）	児童に健全な遊びを提供することによって、健康を増進したり人間性を豊かにしたりすることを目的とした屋内型の児童厚生施設。

学習」を大切にし、せっかくなら実習での学びを前向きに楽しんだほうがよいでしょう。

　これまで述べてきたように、施設のタイプ（入所型施設または通所型施設）、実習形態（宿泊または通勤）などは、施設によってさまざまです。他の実習よりも、より綿密にオリエンテーションの内容を確認し、実習の準備をしましょう。

　実習先の施設が決まったら、「実習受け入れ回答書」などに記されている内容を深く読み込み、事前学習課題などを通して自分の実習先についての「実習情報」をよく調べます。そのうえで、実習先のオリエンテーションで施設の機能や役割、そして実習生に求められることを詳しく確認しましょう。

実習に向けての準備と確認

①提出書類について

1）腸内細菌検査報告書（赤痢菌・サルモネラ菌・O-157 を含む）

・上記以外の追加検査項目（　　　　　　　　　　　　　　　　　　　　）

・検査日指定　（　あり　→実習開始前＿＿＿＿＿日以内　・　なし　）

・養成校あるいは実習先指定の誓約書を提出。施設書式がある場合は、指示に従う。

2）その他必要な予防接種、検査について　（　幼少期の証明書で可能　・　実習直近に限る　）

②実習経費について（条件を満たせば養成校から補助が出る場合があります）

■弁当持参の有無（　あり　・　なし　）

■施設での食事（朝食＿＿＿＿＿円、昼食＿＿＿＿＿円、夕食＿＿＿＿＿円）

■宿泊費　1泊＿＿＿＿＿円　　■リネン代（寝具貸与代）＿＿＿＿＿円

■光熱費＿＿＿＿＿円　　■その他＿＿＿＿＿円

■宿泊費　1日＿＿＿＿＿円　　■交通費　1日＿＿＿＿＿円

② 事前学習Ⅰ ─実習の目標を知る─

①実習の目標

　すべての実習生の共通課題として設定されているものが、実習の目標です。施設実習は実習先種別が多岐にわたります。実習生は様々な施設種別のうちいずれかで実習するわけですから、実習先の施設種別によって学ぶことも多種多様でしょう。しかし、保育実習Ⅰ（施設）では、どの種別であっても共通の目標が定められています。まずはこの共通目標を理解し、これらを土台として実習準備を始めていきましょう。

> **保育実習Ⅰ（施設）の目標**
> ①施設の概要と支援の内容、施設が持つ機能や社会的役割とその意味について学ぶ。
> ②施設の一日の生活と、そこにかかわる職員の多様な勤務体制（シフト）を知り、主体的に参加する。
> ③子ども（利用者）への支援の観察とかかわりを通して、子ども（利用者）一人ひとりを理解する支援の視点を学ぶ。
> ④その理解に応じた支援の方法や、職員間の連携による支援内容の実際を知る。
> ⑤施設保育士の役割や仕事の内容を知り、必要な姿勢・社会的な常識・信頼される態度等を学ぶ。

②実習における学習内容

　施設実習はその種別ごとに特徴があるため、当然支援内容も異なります。たとえば、乳児院では、おもに乳児期の子どもの養育のために子どもとの愛着関係の形成が大切になりますし、衛生面での配慮もことのほか重要です。一方、障がい者の支援施設では、成人の利用者の尊厳を守ることを第一にして、一人ひとりの必要に応じて支援内容が設定されています。

　したがって、実習生の学習内容も実習先の施設種別によって様々です。表6-3（p.86）の内容を頭に入れながら、表6-4の学習内容を理解していきましょう。このプロセスをふむことによって、実習先の施設種別で自分は何を学びたいのかが見えてきやすくなります。

　特に注目したいのは、**実習先の施設で出会う一人ひとりの人間理解に努める**ということです。「被虐待の子ども」や「〇〇障がい」というように、私たちは子ども（利用者）の困難状況や障がいの有無などに真っ先に関心が向きがちです。しかし、被虐待の子どもである前に、あるいは障がいがあろうがなかろうが、言うまでもなく、私たちと同じ人間です。子ども（利用者）は、まず人間としての自分を見てほしい、個性ある人間としてふさわしく接してほしいと思っています。

　ですから、実習生は目の前の子ども（利用者）がどのような人なのかに関心をもちながら

コミュニケーションを図り、関係性を築こうと努めることから始めていきます。困難や障がいに目を向けるのはその後です。実習の短い期間で、子ども（利用者）と関係を築くことや思いをくみ取って支援できることは限られるでしょう。しかしそれでも、子ども（利用者）を理解するにあたっては、「まず人間理解」→「その理解を深めるために困難や障がいなどの特性の理解」という順番を心がけていくと、実習での学習内容がより深く見えてくるようになります。

表 6-4　保育実習Ⅰ（施設）の学習内容

学習内容	具体的な内容
・施設の概要を理解する ・職員間の役割分担と勤務体制について理解する	・施設の設立理念と、養護または生活・活動支援の目標を理解する。 ・施設の建物や配置、設備等物理的環境を理解する。 ・施設の機能、役割を理解する。 ・施設がその役割を果たすための職員配置、職務分担について学ぶ。 ・子ども（利用者）への支援にかかわる職員の連携や勤務体制（シフト）を知り、一貫性・継続性に配慮した養護または支援の視点を学ぶ。 ・施設における様々な職種の業務内容や役割を知り、連携方法や内容について理解する。
・施設の状況や一日の流れを理解し、参加する ・子ども（利用者）の個別的理解に努める ・支援計画を理解する	・一日の生活の流れを知り、施設の生活に参加する。 ・子ども（利用者）と共に生活し、コミュニケーションを図り、個別に理解しようとする。 ・子ども（利用者）と職員、子ども（利用者）同士のかかわりに着目し、子ども（利用者）への理解を深める。 ・子ども（利用者）の個別のニーズに配慮した支援のあり方を学ぶ。 ・個別の子ども（利用者）に応じた支援計画の実際を知る。 ・子ども（利用者）の特性や発達状況、家庭的背景、入所理由、現在の状況等を知る。
・施設・家庭・地域社会の連携について理解する	・施設と家庭（保護者）とのかかわり、家族支援や日常的な連携について説明を受け、実態を知る。 ・施設と他の地域資源（学校・医療機関・他の施設・児童相談所等）との関係や連携を知る。 ・地域における子育て支援事業（地域生活支援事業）の実態について理解する。 ・実習先からの実習課題を知り、実習自己課題を立てて臨む。
・子ども（利用者）の最善の利益を尊重したかかわりや配慮を学ぶ	・これまでの学習内容を基礎に、日常の保育者と子ども（利用者）とのかかわりの実際を学ぶことを通して、子ども（利用者）にとってよりよい生活やかかわりのあり方を学ぶ。 ・子ども（利用者）の最善の利益を追求する施設全体の取り組みについて学ぶ。
・実習自己課題を知る	・担当実習の日時と内容は早めに相談し、助言・指導を受けて子ども（利用者）の実態に即した計画を作成、具体的に準備を行う。 ・事前学習で取り組んだ「実習自己課題」や学びの視点を意識して意欲的に取り組み、実習を通して得た、自身の問題や課題を確認する。 ・自分自身の課題・改善点を解決するための具体的方法を考える。

③ 事前学習II ―実習自己課題を立てる―

①改めて実習自己課題とは

　なにかに取り組むときには、そもそも何のためにするのか、その取り組みから何を得たいのかが明確でないと、せっかくの時間と労力を無駄にしかねません。ですから、実習においても実習自己課題を立てることが重要なのです。

　実習自己課題を考えるためには、種別を問わず、事前に施設でインターンシップやボランティアを体験することをおすすめします。これは、**実習が施設とのファーストコンタクトにならないようにする**ためです。インターンシップやボランティアを通じて子ども（利用者）とかかわったり、職員の働きかけを観察したりしてみると、みなさん自身になんらかの気づきが生まれるでしょう。たとえば、「ふさわしい接し方や言葉遣いが必要」「コミュニケーション方法は言葉だけではない」「相手の意思を尊重することが大切」といったことです。

　これらの気づきをもとにして、実習先の種別や特徴を学び、「自分は実習でこのことについて工夫してみたい」「自分にはまだ足りないこの力を得るために努力したい」といった目標を意識してみると、施設実習でするべきことが少しずつ見えてきます。また、実習中もこれらを忘れず取り組むことで収穫のある実習が期待できます。実習後にはきちんと振り返ると、次の実習に向けた課題も見えてくるでしょう。つまり、自分自身の体験や気づき、「調べ学習」をもとに実習自己課題をしっかりと立てることで、実習を有意義なものにすることができるのです。

②実習自己課題を立てるポイント

　実習自己課題を考えるうえでのポイントは 3 つあります。1 つめは、これまでの学びを振り返り、施設の種別について学んだり（p.94 以降を参照）、先輩の話を聞いたりして、**実習先の種別について深く学んで**いきましょう。

　2 つめは、**無謀なチャレンジをしない**ことです。大きすぎる課題を設定しても実習の 12 日間で理解することは困難です。努力すれば手が届くような具体的な目標設定が必要です。

　そして 3 つめは、**かかわりをベースにする**ことです。子ども（利用者）がコミュニケーションを求めて来なくても、かかわることが難しそうでも、よい表情で挨拶し、積極的にかかわろうと努力することから始めましょう。まずは自分からかかわろうとすることを基本として、そこから生まれるなにかを実習自己課題にしましょう。次の「先輩の実習自己課題・テーマ（例）」を参考にして、自分なりの実習自己課題を設定してみましょう。

先輩の実習自己課題・テーマ（例）

・施設の一日の流れを把握し、自ら積極的に子ども（利用者）の生活にかかわろうとする。
・出会う人すべてに積極的に挨拶し、一人でも多くの人とコミュニケーションを図る。
・言葉での意思疎通が難しい子ども（利用者）とかかわる経験を通して、言葉以外のコミュニケーション方法を探ったり工夫したりして、実践してみる。
・生活の場として安心・安全な環境設定や設備の特徴について、職員に質問して学ぶ。
・職員の表情や言葉かけを観察し、できるところから自分も模倣してかかわってみる。
・子ども（利用者）に安心してもらえる存在になれるように、常に丁寧にかかわる。

WORK 実習自己課題を立てる

①実習自己課題・私の実習テーマ
POINT　1 つか 2 つにしましょう。

②課題（テーマ）の具体的な内容
POINT　実習自己課題をもう少しわかりやすく、具体的な場面などを例示しながら書きましょう。

③課題設定の理由
POINT　なぜ、それが実習自己課題となったのか、設定理由がわかるような文章で書きましょう。

④具体的な取り組み方法
POINT　実習自己課題の達成のために、事前にどのような学習をするのか具体的に書きましょう。

④ 事前学習III ―実習先を知る―

①実習先を知る

　保育所や幼稚園と異なり、施設での実習は種別によって大きく異なる生活を経験することになります。そのため、実習先の選定や実習の事前準備に際しては、施設種別やそれぞれの支援対象、施設に配置される職員とその役割などを知ることが大切です。

　表6-3「施設種別ごとの支援の概要」(p.86)を参考に、オリエンテーションの前に、実習先に関する基本的知識を学びましょう。不明な点・不確かな点は、「子ども家庭福祉」「社会的養護」などの教科書や小六法で調べてまとめてみましょう。

WORK　実習先に関する基本的知識

①**実習先の施設種別について規定している法律**（法令根拠）

　_____施設は、_____法に規定されている。

　_____法第___条によれば、_____施設は、_____を目的（役割）としている施設である。

②**実習先の施設の児童や利用者について**

　１）年齢

　法律上の入所児童・利用者は、___歳から___歳

　実習先（実際）の入所児童・利用者は、___歳から___歳

　２）入所・利用の対象（主な入所理由・家庭の状況など）

　_____施設は、近年、_____の理由で入所する子どもが非常に多い。

　入所時の家庭の状況は_____であることが多い。

③**施設の役割・機能**（提供しているサービス、具体的な業務、最近の傾向など）

　_____に対して、主に_____の支援を行っており、具体的には_____、_____などの業務がある。施設の地域化が求められるなかで_____のような活動にも力を入れている。

④**保育士の具体的な仕事の内容**（施設によっては「指導員」「支援員」という職名のこともある）

　保育士は_____に対して_____の支援を行っているが、他の専門職と協働して_____への支援も行っている。

⑤**施設について興味をもったこと・魅力を感じたことなど**

②施設で働く専門職を知る

　施設では、多くの専門職が配置され、チームでの支援を行います。実習先でも、施設保育士をはじめ様々な専門家がチームを組み、支援計画に基づいて支援を行っています。表6-5・表6-6を参考に、どのような資格をもつ専門職が、どのような役割を担い、どのような場面で活躍しているか、よく調べて学んでください。子ども（利用者）が実に多くの専門的な視点で見守られ、支えられていることを理解することが大切です。

　どのような専門職なのかは、外見・服装・仕事の様子を少し見ただけでは見分けることは難しいので、質問の機会を得て、直接うかがってみるといいでしょう。

表 6-5　児童福祉施設に配置される主な職員

	医師（嘱託医）	看護師	個別対応職員	保育士	児童指導員	家庭支援専門相談員	栄養士	調理員	心理療法担当職員（心理指導を担当する職員）	母子支援員	少年を指導する職員	児童発達支援管理責任者	職業指導員	理学療法士・作業療法士	言語聴覚士	機能訓練担当職員	児童厚生員
乳児院	○	○	○	○	○	○	○	○	○								
母子生活支援施設	○		○					○	○	○	○						
児童養護施設	○	○	○	○	○	○	○	○	○								
福祉型障害児入所施設	○	○		○	○		○	○				○	○				
医療型障害児入所施設	○	○		○	○				○			○		△			
福祉型児童発達支援センター	○	○		○	○		○	○				○			△	○	
医療型児童発達支援センター	○	○		○	○							○		○			
児童館																	○

表 6-6　障がい者を支援する施設に配置される主な職員

	医師（嘱託医）	看護職員（保健師・看護師・准看護師）	生活支援員	理学療法士・作業療法士	サービス管理責任者	職業指導員	就労支援員
生活介護	○	○	○	○	○		
自立訓練（機能訓練）		○	○	○	○		
自立訓練（生活訓練）			○		○		
就労移行支援			○		○	○	○
就労継続支援 B 型			○		○	○	
施設入所支援			○		○		

※施設職員の配置などについては、下記の関連法規を実習前に必ず参照してください。
●児童福祉施設の設備及び運営に関する基準
●障害者の日常生活及び社会生活を総合的に支援するための法律に基づく障害福祉サービス事業の設備及び運営に関する基準

⑤ 乳児院での実習

①乳児院とは

　乳児院は、児童福祉法第37条に定められている入所型の施設です。1歳未満の乳児を対象とする施設ですが、実際には2～3歳までの子どもが入所している場合も多くあります。

　主な入所理由は、①親による虐待などや、②親の精神疾患が多く、その他、③経済的理由、④親の疾病、⑤離別別居、⑥両親の未婚、⑦受刑・拘留、⑧次子出産などがあります。また、複数の理由が重複しているケースもあります。

　家庭環境に問題を抱える子どもが多いため、**子どもとの関係が継続されたものになるように担当制を取り入れ、子どもと担当者とのかかわりを大切にしています**。さらに、地域で取り組まれている「子育て支援事業」も実施しています。

②実習生のみなさんへ（施設職員の声）

　乳児院では、子どもたちが様々な理由で施設に入所していることをふまえて、子どもとのかかわりを大切にしています。特に3歳までは今後の人生のすべての土台を形成する時期であることを念頭におき、子どもに**大切にされたという実感を少しでも多くもってもらえる養育**を目指しています。実際に現場でそれらを感じ取り、養育について考えてみてください。また、乳児院は24時間体制の生活の場であるため、**より心地よく安心できる家庭的な環境に近づける工夫**をしています。この工夫の仕方についても考えてみるとよいでしょう。

　そして、子どもとかかわる前段階として、子どもの発達段階や乳幼児の健康や衛生管理を保つために何が必要であるかを復習しておきましょう。全国乳児福祉協議会の「乳児院倫理綱領」に目を通しておくこともおすすめします。

③実習で気をつけること

●乳児とのかかわりには常に細心の注意を払う

　乳児は、特に首のすわっていない子どもや手足の関節などが十分に発達していない子どもが多いので、抱く時、おむつ交換の時、沐浴の際には注意しましょう。また、わからないことはそのままにせず職員に質問しましょう。

●衛生面への配慮をする

　入所型施設は、感染症にかかりやすく、感染が広まりやすい環境です。そのため、常に衛生的で清潔さを保つために、日頃から行っている清掃や消毒、こまめな手洗いなどに配慮し

表 6-7　乳児院のデイリープログラム（例）

時間	一日の流れ		実習生の活動
	乳児	幼児	
6：00	起床・検温		起床を促す
7：30	朝食		朝食準備・補助・片づけ
9：00	おやつ 遊び・散歩	遊び	おやつ準備・補助 遊び補助、掃除・洗濯など
10：00	授乳・離乳食／沐浴		授乳・離乳食・沐浴補助
11：00	昼食		昼食準備
12：30	午睡		午睡補助
14：00	検温／おやつ		おやつ準備・補助
15：00	沐浴／授乳 遊び	遊び 入浴	沐浴・入浴補助、授乳補助 遊び補助
17：00	夕食		夕食準備・補助・片づけ
20：00	就寝		就寝を促す

ながら子どもにかかわったり行動したりしましょう。

● **スキンシップを積極的に行う**

　実習生は、乳幼児が興味をもつような遊びを準備しておくとよいでしょう。言語によるコミュニケーションを充分にとることのできる子どもはまだ少ないです。しかし、子どもたちは大人からのやさしく温かな眼差しや触れ合い、言葉かけを感じ取ることはできるので、これらを意識しましょう。

実習を終えた先輩の声

　はじめは言葉でコミュニケーションをとることのできない子どもとのかかわりに戸惑いましたが、表情を豊かにしたり肌に触れたりするスキンシップをとることで子どもも慣れ、関係が築きあげられていくことがわかりました。
　また、子どもにかかわろうとしてもあまり反応がなく、子どもが逃げてしまうことにショックを受けましたが、担当の職員さんと子どもの様子を見ているうちに関係性の深さを感じられました。

　離乳食を食べさせて、目を見ながらミルクを飲ませる経験ができ、子どもたちがとてもかわいく毎日癒されました。また、手作り玩具やエプロンシアターがとても喜ばれましたが、泣かれてしまうとどのように接したらよいかわからず困ってしまいました。しかし、食事や排せつのタイミングを記録することで泣いている理由が少しずつわかるようになりました。親代わりとなり赤ちゃんを育てていくために、安全で安心な環境を整え、愛情をたっぷり注ぎ、成長をサポートしていくことが大切だと学びました。

⑥ 児童養護施設での実習

①児童養護施設とは

●児童養護施設について

　児童養護施設は、保護者のない子どもや虐待されているなど養育環境上の問題から保護が必要と判断される子どもを入所させて、養護・自立できるように施設退所後も含めて支援を行う施設です（児童福祉法第41条）。原則として乳児を除く18歳未満の子どもが対象ですが、安定した生活環境の確保などの理由がある場合は、乳児を入所させることができます。

●入所児童の状況

　現在、児童養護施設に入所している子どもの「養護問題発生理由」（社会的養護を必要とする理由）で最も多いものは親による虐待で、約4割の子どもが虐待を理由に保護されています。また、過去に虐待を受けた経験のある子どもは約6割です。その他の理由では、親の死亡・行方不明がそれぞれ約1割、親の精神疾患が8％ほどです。8割強の子どもには両親または父母のどちらかがいて、休日の帰省や面会などの交流をもっています（厚生労働省「児童養護施設入所児童等調査結果［平成25年2月1日］」）。

②実習生のみなさんへ（施設職員の声）

●施設の生活

　1つの建物で20人以上が生活する大舎制施設から小規模グループケア（6〜8名）やグループホーム（定員6名）など、施設形態の違いによって、デイリープログラム・職員の役割分担・勤務体制が異なっています。保育士は、子どもが安心して安全に日々過ごすことができるように、環境を整え、一人ひとりの状況に応じたかかわり方をします。そのほか、家事的な業務も大切な仕事になります。

●子どもとのかかわり

　入所以前の生活環境や親との関係から、本来子どもに必要な経験や人とのかかわりが十分ではない子どもがいます。また、虐待を受けて育ったことによる影響から、攻撃的な言動をとる子どもや、見知らぬ人にでもベタベタと甘えてしまう子どももいます。表面的な子どもの言動に振り回されるのではなく、その子がその言動を通して何を伝えようとしているのかに気づいてください。

　児童養護施設には、幼児から高校生までの子どもが生活しています。子どもの年齢によって一日の過ごし方は変わります。表6-8で小学生を想定したデイリープログラムを紹介します。

表 6-8　児童養護施設のデイリープログラム（例）

時間	一日の流れ	実習生の活動
6：30	起床	起床声かけ、着替え・洗面を促す
7：00	朝食	配膳、食事
7：45	登校	登校の状況を確認・見送り
9：00		居室の掃除・片づけ、洗濯 朝の打ち合わせ・引継ぎ
		休憩
15：00	帰宅 　　団らん・自由時間	帰宅児童の受入れ、宿題の確認 おやつ、洗濯物の取り込み・片づけ
18：00	夕食 　　入浴・学習時間・団らん	配膳、食事 入浴介助、学習指導、翌日の準備・就寝準備の促し
21：00	就寝	就寝への促し、就寝後の見回り、宿直者へ引継ぎ

③実習で気をつけること

　児童養護施設には、実習生と年齢の近い高校生をはじめ、学齢児が生活をしています。高年齢児へのかかわりには戸惑いを感じるかもしれません。まずは自然体で接してみましょう。反対に、年齢が近いということからいろいろな話が弾むかもしれません。しかし、実習は「なかよしになるため」に行うのではありません。**子どもの育ちを支援する「大人」の立場を意識しながら、かかわるようにしましょう。**

　子どもの個人情報の保護はもちろんのこと、実習生の個人情報も勝手に伝えてはいけません。また、施設の許可を得ないで特定の子どもと個別にかかわる、約束を交わすことも避けなければなりません。子どもへの対応で生じた不安や具体的に困っていること、感じたことなどは、施設の実習指導担当者と率直に話し合いましょう。

実習を終えた先輩の声

　児童養護施設の実習は、保育所や幼稚園のように一斉活動があるわけではなく、職員さんは日々の生活を送るうえで必要なサポートをしています。様々な家庭事情により入所している子どもを支援していくことは、ベテランの保育士であっても悩みは尽きず、葛藤が多いとのことでした。しかし、常に子どもに寄り添い成長を支えていくことは、大きなやりがいを得られると感じました。

　快適な生活環境を作るための家事的な業務、家庭的な雰囲気への配慮、日々の「しつけ」や甘えの受け止めなど、多様な役割が求められました。子どもの年齢の幅が広いので、一人ひとりに合わせて対応することが難しく、またストレートにぶつかってくる子どもに戸惑いましたが、気持ちを考えて受けとめるように心がけました。「人としてのあり方」「自分の価値観」が問われる現場だと思いました。

⑦ 母子生活支援施設での実習

①母子生活支援施設とは

　母子生活支援施設は、児童福祉法第 38 条に規定されている児童福祉施設です。**利用者は、配偶者のない女子（離婚予定など別居中も含む）とその子ども**です。利用者には、配偶者等からの暴力（DV）、住居がない、経済的困窮、仕事がない、病気である、精神的に不安定、子どもの養育に困っているなど様々な背景があります。こうした母親と子どもを切り離さずに一緒に保護し、経済的な支援、生活支援、養育支援を行い、親子の自立を支援することが母子生活支援施設の目的です。また、退所した利用者のアフターケアなどの見守りも行います。

　具体的な支援内容としては、独立した居室で生活する利用者の安全と安定を確認し、母親の就職準備のために一緒にハローワークへ行き、必要な場合は子どもの一時保育をします。さらに母親の家計管理を手伝い、料理などを子どもに教え、子どもの学習を支援します。施設によっては、子どもの放課後の学童保育を提供することもあります。施設の職員（母子支援員・少年指導員）は利用者に寄り添い、いつでも相談できる存在になります。

②実習生のみなさんへ（施設職員の声）

　実習を通して、「母子生活支援施設ってこういうところなんだ」と理解してもらえばよいと思います。事前の準備としては、厚生労働省の「母子生活支援施設運営指針」と全国母子生活支援施設協議会の「全国母子生活支援施設協議会倫理綱領」に目を通しておくことをおすすめします。また、**最近の母子世帯に関する貧困の問題や母親の苦労について理解して**おいてください。子どもの発達障がいについての知識も役に立つでしょう。

　実習では、日中は未就園児の一時保育に入る、午後からは小学生の学童保育を担当することなどがあります。日中就労している母親と話す機会は、あまり多くはないかもしれません。むしろ、職員が母親や子どもにどのように接しているかを観察し、職員をモデルとして積極的に質問し、そこから学ぶことが望ましいと思います。

③実習で気をつけること

　現在、母子生活支援施設には、配偶者等からの暴力（ＤＶ）や借金などから逃れてくるといった緊急避難として入所するケースがあります。そうした背景から、母親は一般的に実習生や知らない人と話したがらないので、無理に話をすることは避けましょう。また、**実習生は、利用者に関する情報は決して口外しないでください。**

表6-9　母子生活支援施設のデイリープログラム（例）

時間	一日の流れ	実習生の活動
8：00	学童登校・母親出勤	
9：00	引き継ぎ	出勤・引継ぎ参加
9：30	施設内清掃	施設内清掃・施設内保育
11：00	事務作業	施設内保育・事務作業
12：00	昼食	昼食・休憩
13：00	事務作業	事務作業手伝い・施設内保育
15：00	学童帰宅・学習指導	学習支援・おやつの手伝いなど
18：00	利用者対応（相談）	職員の利用者対応を観察
	家事支援	退勤
19：00	利用者居室へ 引き継ぎ	

＊日勤での実習ですが、宿直勤務などもあります。

　実習では、子どもの施設内保育、学習支援や生活支援を主に行います。子どもの学習支援では、ひらがなの50音の表を壁面工作で制作し、未就学児が喜んで字を覚えたという例もあります。生活支援では、清掃や子どもと一緒に料理をする場面もありますから、日頃から家事全般に関する生活力を身につけておくことも大切です。

実習を終えた先輩の声

　実習を通して学童期の子どもへの接し方がうまくなったと感じます。小学生が好きなマジックやなぞなぞを用意していきましたが、子どもの間で流行している遊びやテレビ番組などを知っておくのもよいと思います。あまり固くならず、しなやかに対応するのがコツだと思います。

　実習先では、小学生から高校生までの子どもが、学校から帰るとプレイルームに集まり、卓球、サッカー、風船バレーなど様々な遊びをしていました。繊細な子ども同士がトラブルを起こす場面が多々見られましたが、実習生が仲裁をすることは難しく、一人ひとりの家庭環境や心の動きに寄り添い、支援する職員さんの姿を見て学びました。母子にとってここでの生活は一時的なものであり、職員さんは自立に向けたサポートを行っていることもわかりました。

⑧ 児童発達支援センターでの実習

①児童発達支援センターとは

●福祉型・医療型の役割

　児童発達支援センターは、児童福祉法第43条に規定された施設で、主に学齢前の障がいのある子どもが通所し、日常生活における基本的動作の指導、自活に必要な知識・技能の付与、集団生活への適応のための訓練などを行います。福祉サービスを行う「福祉型」と、福祉サービスにあわせて治療を行う「医療型」があります。利用対象は、身体・知的・精神などに障がいのある子どもです（発達障がい児を含む）。医療型は、医療法に規定する診療所としての機能もあり、上肢・下肢・体幹機能に障がいのある子どもなどが利用しています。当該センターの利用に際しては、児童相談所、市町村保健センター、医師などにより療育の必要性を認められることが必要です。ただし、「身体障害者手帳」の有無は問われません。

●児童発達支援センターの枠組み

　以前は、障がいのある子どもが自宅から通う施設は、障がいごとに通園施設（知的障害児通園施設や肢体不自由児通園施設など）が設置されていました。しかし、2012（平成24）年に改正児童福祉法が施行されたことで、通園施設は様々な機能をもった児童発達支援センターに集約され、児童発達支援センターが行う事業の一つである「児童発達支援事業」として、それぞれの通園施設の事業が行われるようになりました。児童発達支援センターは、放課後等デイサービス、障がい児相談支援、保育所等訪問支援などの事業も展開しており、地域の障がい児のためのセンターとして重要な位置づけになっています。

②実習生のみなさんへ（施設職員の声）

　障がい児にかかわるのは実習がはじめてかもしれません。まずは、**障がい児である前に、ひとりの子どもとして受け止めてください**。療育の場では、子ども一人ひとりの障がいなどに応じたプログラムを実施していますが、基本となるかかわりは障がいの有無に左右されるものではありません。通園児の行動には戸惑うこともあるかもしれませんが、**表面的な事象にとらわれず、子どもの行動の裏にある気持ちや背景に目を向けてみてください**。

　実習の事前学習では、保育の基本的な知識やスキルの再確認に加え、障がい特性やかかわり方などをまとめておくとよいでしょう。また、地域でも数少ない児童発達支援センターでの実習の機会ですので、**児童発達支援センターでの実習を通して何を学びたいのかを明確にしておきましょう**。

表6-10　児童発達支援センターのデイリープログラム（例）

時間	一日の流れ	実習生の活動
10：00	登園・支度・自由遊び	登園してきた子どもを誘導する
10：30	入室・手洗い・水分摂取・排泄チェック	子ども一人ひとりの様子をチェックする
10：40	朝の集まり（うた、点呼、体操）	一緒に朝の集まりに参加する
11：00	テーマ活動（感触遊び、散歩など）	子どもたちと一緒にグループ遊び
11：40	活動の片づけ・給食準備	片づけと給食の準備
12：00	給食・歯磨き	一緒に給食を食べる
13：00	自由遊び	遊びの支援を行う
13：30	入室・手洗い・うがい・水分摂取	子ども一人ひとりの様子をチェックする
14：00	帰りの集まり	一緒に帰りの集まりに参加する
14：30	降園	降園準備・バスへ誘導

　また、どの実習でも共通ですが、積極的に子どもたちとかかわってみてください。疑問に思ったことはそのままにせず、職員に質問し、学びにつなげていくことが大切です。

③実習で気をつけること

　一人ひとりの子どもの障がいや性格などの違いを、観察や職員からの情報提供を通じて受容し、理解する努力をしましょう。**子どもは一人ひとり異なったペースがあるので、その子に応じた対応を心がけましょう。**障がいによっては言葉でのやりとりが難しい子どももいますが、通じないと決めつけるのではなく、笑顔でやさしく話しかけてふれ合ってください。

　児童発達支援センターでは、子どものみで療育を受ける場合（子どものみ通園）と、親子が一緒に通園し、療育にも親子で参加する場合（親子通園）の２つがあります。**親子通園の際には、保護者と職員のかかわりを学び、保護者の声を聴く機会としてとらえてみましょう。**

　子どもたちのなかには、児童発達支援センターへの通園とあわせて、幼稚園や保育所に通っている子どももいます。幼稚園や保育所などとの連携、関係機関との連携についても学びを深めましょう。

実習を終えた先輩の声

　私は、自閉症児クラスで実習をさせていただきました。実習前には、自閉症について漠然としたイメージしかありませんでしたが、障がい名は同じでも、一人ひとりの子どもはとても豊かな個性をもっていることに気がつかされました。また、曜日ごとにセンターに来る子どもが異なるため戸惑いもありましたが、日々の新しい子どもたちとの出会いは新鮮でした。子どもたちとのかかわりはとても楽しいものでしたが、一方でかかわりの難しさに直面することもありました。かかわりの難しさをそのままにせず、職員の方からアドバイスをいただきながら、自分なりにどのように対応していけばよいのかを考える機会をもつことができました。

⑨ 障害児入所施設での実習

①障害児入所施設とは

　障害児入所施設は、身体障がい、知的障がいのある 18 歳未満の子どもが入所して支援を受ける生活施設で、児童福祉法第 42 条に規定されています。施設によっては 18 歳を超えている人が入所している場合もあります。障がい特性などにより次の2つのタイプに分かれます。

●福祉型障害児入所施設

　主に知的障がいのある子どもが入所しています。障がいの重い子どもや自閉症などをあわせもつ子どもが少なくありません。また、障がいとあわせ、虐待により家庭での生活が困難な子どもの入所も増えています。日常生活の支援を通じ、将来に向けての知識や技能を習得するとともに、情緒の安定と円満な人格形成を目的としています。

　また、身体障がいがあっても、日常的な医療を必要としない子どもが入所している施設もあります。

●医療型障害児入所施設

　医療を必要としている身体障がいのある子どもや、重症心身障がいのある子どもが入所しています。日常生活の支援、将来に向けた知識や技能の習得とあわせ、医師が常駐し、専門医療による治療も行われます。

　なお、重症心身障がいの子どもを対象とする施設では、医療的な助けを日常的に必要とする人が多く生活しています。重症心身障がいのある大人のための施設がないため、18 歳を超えても入所を継続することが多いです。

②実習生のみなさんへ（職員の声）

　障害児入所施設は、障がいをもちながら成長し、発達していく児童期の生活を提供する場です。子どもには、障がいの状態や入所に至るまでの本人の育ちの状況、家族関係など様々な違いがあります。

　ハンディキャップがあっても、それぞれがもっている力が伸び、引き出されるように支援しています。また、将来を見据え、よりよく生きていけるように、それぞれのライフステージ（人生の段階）の「今の時期」の安心と安全を保障して、次のステージにつなげていく支援を一人ひとりに提供していきます。教科書や授業だけでなく、実習を通して、子どもの育ちや生活支援を深く学んでほしいと願っています。

表 6-11　障害児入所施設のデイリープログラム（例）

時間	一日の流れ	実習生の活動
6：30	起床	起床支援、トイレ、更衣、洗面、ベッドメイキング、掃除支援など
7：30〜8：00	朝食	配膳、食事支援、食後の下膳、食器片づけ、歯磨きやトイレの支援登校送り出しなど
9：00	朝の集まり	施設内で過ごす子に、その日のプログラムの伝達、午前プログラムへの送り出しなど
9：30	午前プログラム	日中の活動支援、清掃、洗濯、布団干しなどのハウスキーピング
12：00	昼食	配膳、食事支援、食後の下膳、食器片づけ、歯磨きやトイレの支援
13：30	午後プログラム	午後プログラムへの送り出し、活動支援
16：00	下校の迎え余暇活動・自由時間	余暇支援、見守りなど
18：00	夕食	配膳、食事支援、食後の下膳、食器片づけ、歯磨きやトイレの支援
19：00	入浴・夜の集まり	脱衣、入浴、着衣など必要に応じた支援、一日の振り返りなど
20：00	就寝準備	明日の準備や歯磨きなど、個々に合わせて一日の終了に向けた支援
21：00	就寝	年齢に合わせて順次就寝を促す

＊一般的に学齢期の子どもは、施設から特別支援学校や地域の学校に通います。

③実習で気をつけること

　食事、入浴、トイレなどの際に支援が必要な子どもが少なくありません。また、特に医療型の施設では、移乗（ベッドから車いすに移ることなど）のサポートが日常的にあります。支援にあたっては、実習生の判断で行わずに職員の指示に従うようにしましょう。

　障がいの種類でひとくくりにせず、**一人ひとりの特徴や個性や物事に取り組むペースを尊重しましょう**。また、生活施設ですから、家庭的なかかわりを大切にすることや、その日その時の状態に合わせた支援を心がけることも重要です。

実習を終えた先輩の声

　一生懸命何かを伝えてくれる子どもがいましたが、充分理解できませんでした。障がいに着目しすぎないで、フラットな状態からかかわりを始めることが大切だと思いました（福祉型障害児入所施設の実習生）。

　1日のほとんどをベッドで過ごす子どももいました。介助が多くてその技術を教わりました。コミュニケーションの難しさを感じましたが、日に日に「伝わり」を実感できるようにもなり、実習期間が短いと思ってしまいました（医療型障害児入所施設の実習生）。

⑩ 障がい者の支援施設での実習

①障がい者の支援施設とは

　障がいのある大人の支援施設には、障害者福祉の事業（サービス）を行う「障害者支援施設」と「指定障害福祉サービス事業所」があります。障がいがある人の個々の状況に対応するために、事業（サービス）には様々な種類があり、たとえば自立支援給付という障害者総合支援法に基づく「障害福祉サービス」だけでも17種類あります（表6-12）。しかし、すべてのサービスを一か所で提供することはできないので、施設や事業所ごとに提供しているサービスが異なります。そのため、サービスを利用する人（利用者）は、自分の必要に応じて施設または事業所を選び、どのサービスを利用するかをあらかじめ決めて契約します。その契約に基づいて日々のサービス提供と利用が行われているのです。

　主な実習先は次の2つです。施設または事業所がどのようなサービスを提供しているかをホームページなどで調べておくとよいでしょう。

●障害者支援施設

　主に知的障がいや身体障がいのある人に、夜間から早朝にかけて施設入所支援のサービスを提供し、昼間は生活介護などの日中活動系のサービスを提供しています。

●指定障害福祉サービス事業所

　障がいのある人に、生活介護、自立訓練、就労移行支援、就労継続支援のいずれかの日中活動系のサービスを提供しています。

表6-12　障害者総合支援法に定められている障害福祉サービス（自立支援給付のみ）

介護給付	訓練等給付	相談支援
居宅介護（ホームヘルプ）、重度訪問介護、同行援護、行動援護、重度障害者等包括支援、短期入所（ショートステイ）、療養介護、生活介護、施設入所支援	自立訓練（機能訓練、生活訓練）、就労移行支援、就労継続支援（A型＝雇用型、B型＝非雇用型）、共同生活援助（グループホーム）	地域移行支援、地域定着支援、サービス利用支援、継続サービス利用支援

＊その他に、市町村の創意工夫により利用者の状況に応じて柔軟に実施できる地域生活支援事業として、地域活動ホームや移動支援などのサービスがあります。

②実習生のみなさんへ（施設職員の声）

　実習ではじめて障がいのある大人が利用する施設や事業所に行くことになって戸惑い、緊張する人も少なくありません。保育所や幼稚園と違って、多くの人にとってなじみがないところでもあるので無理もありません。しかし、それぞれのペースで生活や活動をする利用者

表6-13　障害者支援施設のデイリープログラム（例）

時間	一日の流れ	実習生の活動
7：00	起床	起床の支援／更衣・洗面・整容の支援
8：00	朝食	食事スペースの準備、配膳、必要な人の食事介助、下膳、片づけ、歯磨き支援、トイレの支援
9：00	朝の連絡会	一日の予定を利用者に説明
9：15	午前の日中活動	それぞれの利用者が受けているサービスに沿って活動を支援（活動スペース）清掃、洗濯、布団干しなどのハウスキーピング（生活スペース）
12：00	昼食	食事スペースの準備、配膳、必要な人の食事介助、下膳、片づけ、歯磨き支援、トイレの支援
13：00	午後の日中活動	それぞれの利用者が受けているサービスに沿って活動を支援
16：00	余暇などの自由時間	それぞれの利用者の必要や希望に合わせて余暇時間を支援
18：00	夕食	食事スペースの準備、配膳、必要な人の食事介助、下膳、片づけ、歯磨き支援、トイレの支援
19：00	入浴	脱衣、入浴、着衣など必要に応じた支援
21：00	就寝準備	明日の準備や歯磨きなど利用者に合わせて一日の終了に向けた支援
22：00	就寝	利用者に合わせて休みたい人から就寝を促す

に寄り添いながら、実習が進むにつれて「温かい気持ちになった」とか、実習終了間近になって「まだ実習を続けたい」という感想を述べる実習生が多くいます。ですから、施設や事業所の実習では肩の力を抜いて臨んでください。

③実習で気をつけること

　障がいのある人への支援は実に多様です。年齢層が幅広く、それぞれの個性や背景、もっている障がい特性などによって、一人ひとり必要としている支援が異なるからです。ひとくくりにせず、個々人に合わせた支援を学びましょう。

　共通しているのは、利用者が18歳以上の人であるということです。ほとんどの人が実習生よりも年上ということになります。年長者とかかわるうえでは、当然のことですが言葉遣いや態度などのマナーをしっかり守るようにしましょう。

実習を終えた先輩の声

　コミュニケーションが難しい人もいました。あたり前ですが、個々にかかわり方の違いがありますね。一人ひとりを理解するには時間がかかります。でも一人ひとりの意思表示やペースを尊重することが大切だと感じました。

　かかわる人が大人の方なので、人生の先輩としての敬意を忘れないように心がけました。職員のみなさんが穏やかで丁寧でした。全体的にゆったりした雰囲気が自分に合っていると思い、この仕事に関心が高まりました。

⑪ 児童相談所（一時保護所）での実習

①児童相談所（一時保護所）とは

　児童福祉法の規定により、児童相談所は、必要に応じ、子どもを一時保護する施設を設けなければならないことが定められています（第12条の4）。また、児童相談所の所長が必要と認める場合には、一時保護所に子どもを保護することも明記されています（第33条）。これらの規定にしたがって設置されているのが児童相談所に付設された一時保護所であり、一時保護所では、おおむね2歳以上18歳未満の子どもを、原則として2か月を限度に保護しています。

　児童相談所が子どもを一時保護する目的は、主に次の3つの場合です。

① 緊急保護（虐待、家出、非行、保護者不在により緊急的に子どもの安全を図ること）

② 行動観察（親子関係の不調、親の子育て困難感、子どもの課題などに対処するため、専門的な観察や診断を行うこと）

③ 短期入所指導（たとえば、児童養護施設に入所中の子どもが問題行動を起こした時に、その行動への反省や振り返りを促し、同じようなことをしないために指導すること）

　これらのうち、①の緊急保護が全体の9割ほどを占めています。

②実習生のみなさんへ（職員の声）

　児童相談所で一時保護されているのは、あたりまえの暮らしを保障されてこなかった子どもたちです。生活のなかで誤ったことを学習してしまっている子どもが多いため、その背景をできるだけ理解するように心がけましょう。たとえば、なにかを頼みたい時に一般的なお願いの仕方ができなかったり、なにかをしてもらった時に「頼んでないよ」「余計なことするな」などと言ってしまうことがあります。このような場面で、実習生が「この子は苦手だな、嫌いだな」と思ってしまうと、子どもたちとかかわる意欲が失われてしまいます。実習生は、子どものことに関心をもつ（好きになる）努力をしてください。具体的には、小さなことでもほめる。肯定的な働きかけをする。それが子どもを支援するベースとなります。

　一方で、一時保護所から一歩出たら、子どもに関する情報は誰にも話してはいけません。知り合いや友だち、家族はもちろん、ＳＮＳ（ソーシャル・ネットワーキング・サービス）などでも、個人情報を絶対にもらさないよう注意しましょう。

表6-14　児童相談所（一時保護所）のデイリープログラム（例）

時間	一日の流れ	実習生の活動
7：00	起床・居室清掃	起床と清掃の促し
7：30	ラジオ体操	一緒に体操する
8：00	朝食	食事スペースを整える、一緒に食事をとる、後片づけを手伝う
9：00	読書	落ち着いて取り組めるよう配慮する
9：30	朝の会	予定を伝える、子どものその日の目標を聞く
9：45	学習	1時間目と2時間目の学習を見守り、必要な補助をする
12：00	昼食	食事スペースを整える、一緒に食事をとる、後片づけを手伝う
13：00	学習	3時間目と4時間目の学習を見守り、必要な補助をする
14：40	おやつ・自由時間	おやつの準備、片づけ、子どもと遊んだり話したりする
16：00	入浴・布団敷き	入浴の補助、布団敷きの促し
18：00	夕食	食事スペースを整える、一緒に食事をとる、後片づけを手伝う
18：30	自由時間	子どもと遊んだり話したりする
20：30	幼児就寝・日記	幼児の就寝を促す、日記づけを見守る
21：00	小学生就寝	小学生の就寝を促す
22：00	中高生就寝	中高生の就寝を促す

③実習で気をつけること

　子どもは実習生の服装や態度や言動に関心をもっています。身だしなみやマナー、態度が、子どもとかかわる実習生として適切かどうかを注意しましょう。

　また、大人だけではなく、子どもたち一人ひとりにしっかり挨拶しましょう。「いただきます」「ごちそうさまでした」など、日常の言葉をしっかり言えるように心がけましょう。あたりまえの生活が保障されてこなかった子どもにとっては、あたりまえの行動を積み重ねることがとても重要なのです。

　実習中、困ったことがあったら職員に相談しましょう。子どもから声をかけられたら、あいまいな返事をせず、わからないことは職員に確認して、正確なことを伝えましょう。

実習を終えた先輩の声

　「なぜ自分がここにいるのか」ということが納得できていない様子で、不安が強かったり、感情が高ぶっていたりする子どもがいるように思いました。ここには危険がなく、安全で安心できる場所だということを、寄り添って伝えていくことが重要です。

　「一時」とはいえ子どもにとって大切な生活の場です。実習生として何ができるかを考え、子どもの年齢に応じた働きかけを工夫しました。また、友達ではないので、実習生としての適切な距離感を保ちつつ、よいかかわりができるように心がけました。

⑫ 児童館での実習

①児童館とは

●児童館について

　児童館は、児童福祉法第40条に規定されている児童厚生施設のひとつです。そこに書かれているように、児童遊園や児童館等の児童厚生施設は、「児童に健全な遊びを与えて、その健康を増進し、又は情操をゆたかにすること」を目的として設置されています。

　また児童館は、「18歳未満のすべての子どもを対象とし、地域における遊び及び生活の援助と子育て支援を行い、子どもの心身を育成し情操をゆたかにすること」を目的としています。屋内での活動を主としており、施設内には集会室・遊戯室・図書室等が設けられています。実施主体は都道府県、市町村、社会福祉法人等で、その規模や機能によって、①小型児童館、②児童センター、③大型児童館、④その他の児童館に分けられます。

●児童館の活動内容

　厚生労働省「児童館ガイドライン」（2018年）では、児童館の具体的な活動内容として、①遊びによる子どもの育成、②子どもの居場所の提供、③子どもが意見を述べる場の提供、④配慮を必要とする子どもへの対応、⑤子育て支援の実施、⑥地域の健全育成の環境づくり、⑦ボランティア等の育成と活動支援、⑧放課後児童クラブの実施と連携の8項目が示されています。

　利用者はすべての児童（18歳未満）です。乳幼児期から児童期、思春期の幅広い年齢の子どもを対象とするため、児童館で児童の遊びを指導する者は、利用する子どもの発達過程に対する理解が欠かせません。加えて、一人ひとりの発達が異なることをふまえた援助に努めることが求められます。

②実習生のみなさんへ（施設職員の声）

　近年子どもが自由に遊ぶことができる環境が減っているなかで、児童館は遊びを提供する場として重要な役割を担っています。さらに、子どもとのかかわりのみでなく、子どもを介した保護者支援にも積極的に取り組んでいます。実習生には、児童館が地域における多様なニーズに対応していることに、実体験を通して気づき、学んでもらいたいと思っています。

　施設には様々な年齢層の子どもが来館します。養成校で学ぶ学生にはなじみの薄い年齢かもしれませんが、児童期以上の子どもについても実習前に理解を深めておくとよいでしょう。

表6-15　児童館のデイリープログラム（例）

時間	一日の流れ	実習生の活動
8:30	職員ミーティング・開館準備（清掃・施設点検・行事の準備など）	開館へ向けた準備をする
10:30	乳幼児親子対象の行事・片づけ	行事に参加する
12:00	乳幼児親子ランチタイム・職員ミーティング・児童クラブ準備	児童クラブへ向けた準備をする
14:00	児童クラブ登録児童の受け入れ・自由遊び	来館した子どもと宿題や自由遊びをして過ごす
15:30	定例行事・自由遊び	子ども一人ひとりの様子をチェックする
16:30	児童帰りの会・中高生タイム	一緒に帰りの集まりに参加する
18:00	延長利用者対応・保護者お迎え・館内清掃・施設点検	閉館へ向けた準備をする

③実習で気をつけること

　ほかの実習と同様に、利用者との連絡先の交換や児童館外での個人的なつき合いをしてはいけません。また、**守秘義務の遵守を徹底し、利用者や実習先の情報を漏洩する**ことがないようにしましょう。そのためにも、実習中は携帯端末の携行・使用は禁止です。

　子どもたちは実習生と遊ぶことを楽しみにしています。一方で、実習中に子どもから手荒な扱いを受けてしまうことがあるかもしれません。その際には遠慮や我慢をせず、自分の思いを素直に子どもに伝えるようにするとともに、実習指導担当者に報告するようにしましょう。

実習を終えた先輩の声

幼稚園や保育所等での実習と違い、児童館に来る子どもは毎日同じとは限りません。その日、その時の子どもの状態に合わせた遊びを提供することは難しかったです。でも、一生懸命考えた遊びを子どもが楽しんでくれる姿を見て嬉しくなり、自分自身の遊びのレパートリーを増やしたいと強く思うようになりました。

日本以外の国にルーツを持つ子どもや、軽度の障がいのある子どもとかかわることもありました。一人ひとりの子どもの発達特性や障がいの実態などをもとに、その子どもの育ちを支援できるようになりたいと思いました。また、子どもの支援のみでなく、保護者支援の活動も行われていることがわかりました。不登校やいじめ、虐待などの早期発見の場としても期待されている施設であることも知ることができました。

⑬ 事後学習—実習の振り返り—

①自分の学びの振り返り

　今回の実習の記録を読み返したり、実習先からの指導・助言の内容を思い出したりしながら、実習前に目標や課題としていた内容が、どの程度達成されたのかを振り返りましょう。また、改めて８ページの「あなたの目指す保育者像は？」を記入してみましょう。

WORK 保育実習Ⅰ（施設）の振り返り

> ①施設実習で特に学んだこと
> **POINT** 具体例を含めて書きます。
>
>
>
>
> ②この実習で達成しきれなかった課題・新たに見つかった課題
> **POINT** 「実習の目標」「実習自己課題の振り返り」「実習の成果」「指導案の反省・考察」などの内容からまとめます。

②学びの情報交換・グループディスカッション

　情報交換やグループディスカッションで実習の分かち合いをします。施設実習は、実習施設の種類がたくさんあり、学生それぞれが異なった施設に実習に行き、そのなかで一人ひとりが特色のある実習経験をするはずです。自分とは違う種別の施設に実習に行った学生の情報や経験をしっかりと聞きましょう。逆に、自分の実習先の特徴や実習のなかで得た具体的な経験や学びを他の学生に伝えて、ともに学び合いましょう。

> **学びの情報交換の話題（例）**
> ・実習施設の特色、施設の機能や社会的役割について（理念、支援内容、家庭・地域連携など）
> ・記録について（書くことを通じて利用児［者］への理解や職員のかかわりの意図を知るなど）
> ・指導職員からの学び、職員間の情報共有や連携について
> ・利用児（者）の個別理解と支援内容（個別支援計画など）について

③保育実習Ⅰ（施設）の振り返り曲線シート（私の実習曲線）

　実習での「体調」と「モチベーション」を軸として曲線で示すことにより、自己分析を行います。自分の長所を理解するとともに、今後の課題を明確にすることが目的です。実習での様子を思い出しながら、46ページの記入の方法をよく読んで進めていきましょう。

WORK 保育実習Ⅰ（施設）の振り返り曲線シート（私の実習曲線）

学籍番号		氏名	

自信をもったこと、そしてさらに向上させたい点（発展的な実習自己課題＝自分の長所を伸ばそう）

プラス面の要因を吹き出しでコメント記入（職員からの指導内容や成果について記述を入れる）

テーマ：黒線「体調の変化」、赤線「モチベーションの変化」

実習前	／	／	／	／	／	／	／	／	／	／	／	／	／	／	／
5															
0															
-5															

マイナス面の要因を吹き出しでコメント記入（職員からの指導内容や成果について記述を入れる）

今後の学びが特に必要なこと・実習自己課題（省察的課題＝自分に必要なことを見つめ、具体策を考えよう）

④自己評価と施設からの評価の照合

　自身の学びや課題を明確にし、次の実践につなげていくために、評価を行うことは大切です。施設での実習においての自己評価と施設からの評価（他者評価）の違いを認識し、他者から見た自分自身の長所や課題、保育を学ぶ学生として求められていることなどを再確認しましょう。第3章②（p.42）を照合してワークを行いましょう。

第3章②（p.42）を照合してワークを行いましょう。

WORK 保育実習Ⅰ（施設）の評価の照合

年　　　月　　　日

施設名		学籍番号		氏名	

	評価項目	具体的な内容	非常に優れている	優れている	適切である	努力を要する	非常に努力を要する
子ども（利用者）と施設の理解	支援内容・支援方法の理解	・社会的養護の観点を踏まえた職員の助言・指導により、施設の目的・役割を理解する。 ・地域、家庭、地域社会との連携やつながりについて理解する。					
	一日の流れの理解	・施設の一日の生活を理解する。					
	子ども（利用者）の理解	・観察やかかわりを通して、子ども（利用者）一人ひとりを理解しようとする。					
	支援内容・支援方法の理解	・今までに学んだ知識・技能を踏まえ、子ども（利用者）への支援をしようとする。 ・一人ひとりに応じた支援方法や、職員間の連携による支援内容の実際を知る。					
実習の姿勢	主体性	・主体的に実習に参加し子ども（利用者）とかかわる。 ・環境整備・衛生管理等、多様な保育士の仕事を経験する。					
	意欲・探求心	・学ぶ意欲をもって実習に取り組む。 ・日々の実習を振り返り、次の実践に向け意欲的に助言を生かそうとする。					
	勤務姿勢・保育士の職業倫理の理解	・遅刻・早退等なく出勤する。 ・社会的な常識や振る舞いについて改めて自覚し、信頼される人になろうとする。					
実習自己課題	「実習自己課題」への取り組み	・事前学習での「実習自己課題」や学びの視点を持って実習に臨み学びを得る。					
	実習ルールの理解	・事前学習で学んだ実習の規定・課題等を理解し適切に実行する。					

総合所見	優れていた点・期間中に成長や努力が見えた点
	次の実習への課題

評価を照合して感じたこと学んだこと、今後に生かしたいこと

Q&A 【施設実習】

Q1. そもそもなぜ、保育士になるために施設での実習が必要なのですか？

A1. 保育士資格で就労可能な様々な場所で実習を行う必要があります。厚生労働省の通知では、実習先として「児童発達支援センター」「障害者支援施設」「指定障害福祉サービス事業所」「児童養護施設」「児童相談所の一時保護施設」などが実習先として明記されています。

　しかし、施設実習を行う理由は、単に「資格のため」「決められているから」だけではありません。実習を通して社会福祉の目的や仕組みを実践から学び、他者理解に努めることで自分自身を知ることが大切です。保育士を目指す者として、施設での実習は他の実習と同様に重要な学びの場です。

Q2. 児童養護施設で、自分と年齢の近い子どもとかかわることが不安です。

A2. 児童養護施設には、おおむね2歳から18歳の子どもが入所し、家庭的な環境のなかで支援を受けています。ボランティアや他の実習などで乳幼児期の子どもとかかわる経験は積んでいると思いますが、学齢期以降の子ども、とりわけ中学生・高校生とかかわることに不安な人がいるかもしれません。けれど、児童福祉法では、保育士は専門的知識・技術をもち、18歳未満の児童の保育およびその保護者に対して保育に関する指導を行うこととされているので、あなたが保育所や幼稚園への就職を目指していても、実習を通して、幅広い年齢の子どもへの支援を学ぶことが必要です。

　実習生のなかには、人生の少し先輩として自らの経験を施設の子どもに伝えることなどで、コミュニケーションを図った人もいます。ただし、入所している子どもとの年齢が近いからこそ、友達感覚の対応をしないように意識し、保育士（支援者）を目指し学びに来ている自覚をもつことが大切です。

Q3. 障がいのある子どもと大人とで、かかわり方に違いはありますか？

A3. もちろん違います。子どもと大人ではライフステージ（人生の段階）が違うからです。

　子どもには、成長し、この先の長い人生を歩むうえで必要な力をつけてもらうための支援が求められます。もちろん幼児期、児童期ならではの課題も少なくありませんので配慮が必要です。また、この時期は人格形成にとって大切な時期です。成長し発達していく過程を支え、障がいをもちながらも、情緒の安定をできるだけ保ち、周囲に適応し協調できる存在に

なれるように養育環境をしっかりと整え、適切なかかわり方をしましょう。

　一方、大人に対しては、その人のこれまでの人生の歩みを尊重し、培われた力を生かしつつ、できるだけ心地よく生活する支援を行います。その日の過ごし方を自分で選び、自分で決めてもらうことも重要です。つまり、子どもと大人ではライフステージ（人生の段階）が違うのです。

Q4. 障害児入所施設なのに 18 歳を超えている人がいるのはなぜですか？

A4. 障がいのある子どものライフステージを想像してください。幼児期や児童期に障害児入所施設に入所していた子どもは、18 歳を迎えると児童ではなくなります。次の生活の場所はどのようなところが考えられますか。障害者支援施設に入所することや、自分の家庭に帰り、指定障害福祉サービス事業所を利用するなどのことが考えられますね。しかし、全員がライフステージに沿った生活の場に移っていかれない現状があります。

　障害児入所施設に 18 歳以上の人が入所している理由は、おもに次の 2 つからです。

①障害者支援施設の入所の空きが少ない

　障がい者福祉の分野では、新しい入所型施設は作らずに「なるべく地域で生活を」という大きな流れがあります。一方、現に障害者支援施設に入所している人は、グループホームに住まいを移したり、家から通ったりすることを望まず、障害者支援施設の施設入所支援を利用し続けたいと望む人が少なくありません。そうすると、「児」の施設で 18 歳を迎えた人が、成人向けの別の入所型サービスを利用したいと思ったとしても、生活する場の空きが十分にないのです。そのために 18 歳を超えても障害児入所施設での生活を続けざるを得ない人がいるのです。

②日常的に医療の助けを必要とする人に対応できる成人施設が十分にない

　医療型障害児入所施設には、医師が常駐し医療設備が整っています。それに対して、成人年齢の人に対応できる同様の施設は十分にありません。そのため、たとえば重症心身障がいのある子どもが 18 歳を超えても、そのまま障害児入所施設を利用し続けることは少なくありません。とはいえ、どんなに障がいが「重い」といっても、グループホームなどで生活することを望む人はいますので、そうした人への支援の動きも進んでいます。

Q5. 施設での実習の場合、日曜日や祝日にも実習は行われるのでしょうか？

A5. 施設によって違いがあります。生活の場としての機能をもつ施設（乳児院、児童養護施設、母子生活支援施設、障害児入所施設、障害者支援施設、児童相談所の一時保護所）は、当然のことですが、日曜日でも祝日でも普通に生活しています。ですから、実習生も日曜日や祝日に出勤することがあります。その場合、平日に実習の休日が設定されることになるでしょう。ただし、施設によっては実習内容・実習指導担当者の勤務日程によって、日曜日や

祝日を実習生のお休みの日とすることがありますので、オリエンテーションの際に、実習日程をどのように組んでくださっているのかを実習指導担当者によく確認しましょう。

　一方、児童発達支援センターや指定障害福祉サービス事業所は、利用する人がそれぞれの家から通ってくる施設です。基本的に、日曜日や祝日はサービスを提供していません。利用する人にとって休日ですので、その日は実習もお休みです。また、施設によっては土曜日もお休みというところもあります。その場合、実習生は月曜日から金曜日に出勤することになります。施設実習の勤務日・時間は個々に異なり複雑なので、実習日数・時間数をよく計算して、確認してください。

Q6. 生活施設での実習を前に緊張しています。

A6. 忘れないでほしいことが2つあります。

　まず1つめは「生活の場におじゃましますという気持ち」です。「生活の場で実習すること」＝「その人にとっての『家』に入っていくこと」です。ある日突然「実習生」という他人があなたの家に入ってくることを想像してみてください。かなりの緊張感があるでしょう。その「実習生」の行動によっては強いストレスを感じるかもしれません。決して邪魔な存在ではありませんが、「生活の場・おうちにおじゃましますという気持ち」を常に忘れないでくださいね。

　2つめは、「肩の力を抜く」ことです。緊張しているのは実習生だけではありません。受け入れてくださる相手も少なからず緊張しています。ですから実習をするうえでは、まずあなたが肩の力を抜いて、前向きな気持ちで臨みましょう。かかわりの際は、「はりきって、大声を出す」というよりは、「明るく、落ち着いて」が基本だと思います。

　実習生が急になれなれしくしすぎたり、職員と同じように注意したり、やたらに元気さを求め、不自然な大きな声でいつもパワフルにかかわる必要はありません。リラックスして、穏やかなよい表情で・前向きな気持ちでそこに存在していると、自然なかかわりが生まれ、あなたにとって大切な学びの機会になると思います。

column

障がいのある人へのかかわり

　施設実習は、「乳児院」「児童発達支援センター」「障がい者支援施設」など実習先の種別が様々です。対象者が子どもの施設であっても、その施設の役割は保育所のそれと異なりますから事前に調べておくことが大切になります。役割が異なるということは、対象者への支援の仕方も異なってきます。たとえば、乳児院では職員の対応の仕方のすべてが保育所のそれと同じでしょうか。そこには生活の場としてのかかわり方が必要不可欠となります。

　障がいのある子どもや大人の施設ではどうでしょうか。これまで障がいのある人と接したことのない実習生にとっては、どのようなかかわりをすればよいのか想像しにくく、不安になるかもしれません。ある施設では実習のほとんどを利用者と一緒にお弁当づくりをしているそうです。「ずっとお弁当を作っていていいのですか？」と実習生も不安気でした。施設実習での障がいのある人とのかかわり方は、「この障がいがあるから、どう支援しよう」と意気込むよりも、まずは一緒にかかわり、相手がどのような人なのかを知ることから始まります。この人はどんな人なのか、何が得意なのかなど、観察や会話、職員への質問をするとよいでしょう。そうすると、利用者の一人ひとりの個性が見えてくるはずです。そのうえで、職員はどのように支援しているのだろうかと学びの枠を広げてみてください。

　ある実習生が、言語によるコミュニケーションを取ることの難しい利用者とのかかわり方について悩んでいました。コミュニケーションの取れる利用者とばかり話してしまうというのです。コミュニケーションは言葉だけではありません。表情や手を握ることもその一部です。言葉のやり取りができなくても、実習生が笑顔で話しかけたり、そばに寄り添ったりしているだけで、コミュニケーションは成立しているのです。共に傍らにいることでもお互いの関係性を深める大切な時間となるのです。そのことを感じられる実習であって欲しいと願っています。

第7章

教育実習（幼稚園）

① 幼稚園での実習とは

①教育実習（幼稚園）の実習の意義

　教育実習（幼稚園）では、保育現場に身をおくことによって、子ども同士や子どもと保育者、保護者と保育者などの様々な関係を見たり聞いたりし、子どもにかかわる多くのことを体験することになります。そうした体験を通して、保育者として欠かせない資質や技量の修得を目指すのが教育実習の意義です。実習生として実践に参加することで、子どもの言動の意味や個々の子ども理解について考えたり、保育者の対応や自分の対応を振り返ったりしながら、援助のあり方について学んでいきます。養成校で学んだ理論や知識、専門的な技術や技能をもとにした実践を通して、保育という営みに対する自分の見方を広げたり、新たな保育観を構築したりしていくことが求められます。

②経験者から学ぶ—先輩の振り返りから学ぶ—

　実習経験者である先輩から学ぶことは意義深く、実習へのイメージや実習で学び得る内容のイメージをもつことができます。先輩の教育実習での出来事や学びを具体的に聞いてみましょう。実習先の違いや実習の目標の違いにより、学んできたことは異なります。先輩の個別具体的な実習経験を丁寧に聞いて、質問をたくさんしましょう（p.67を参照）。

③実習の目標を理解する

　教育実習の実施に向けて、実習中に実習生が共通して目標とする内容（共通実習課題）を理解しましょう。何を学びに実習に行くのかを自分自身がよく理解して、実習先にも説明できるようにしておく必要があります。

> **教育実習（幼稚園）の目標**
> ①幼稚園の保育の流れを理解し、主体的に保育に参加する。
> ②子どもの育ちを理解し、それに応じた幼稚園教諭の援助や役割および保育の内容や展開について学ぶ。
> ③子どもの実状に応じた指導計画の立案・実践と、その振り返りを通して、計画と実践の関係について学ぶ。
> ④幼稚園と家庭や地域との連携について学び、幼稚園の社会的役割について考え、幼稚園教諭の役割や職務内容について理解を深める。

④目標を達成するために実習中に行うべきことを理解する

目標を達成するために、教育実習において具体的に何をすべきなのかを理解します。

表 7-1　教育実習（幼稚園）の実習段階と学習内容

段階	主な学習内容	具体的な内容
オリエンテーション	・実習園を全体的に理解する	・園の成り立ちや沿革・教育課程・教育方針を理解する。 ・園の地域特性と、園内の環境構成を確認する。 ・園の職員構成を確認し、幼稚園教諭の役割分担を知る。 ・園児のクラス分けの形態を知る。 ・園の諸規則・注意事項の指示を受け、それを守る。 ・実習先からの実習課題を知り、実習自己課題を立てて臨む。
観察実習	・実習園の一日の流れを理解する。 ・実習園の教育課程、配属クラスの月案（月間指導計画）、週案（週の指導計画）、日案（毎日の指導計画）と具体的な保育活動との関係を理解する。 ・保護者と幼稚園教諭とのコミュニケーションを通して、家庭との連絡・協力のあり方を学ぶ。 ・地域社会と園の関係について学ぶ。	・一日の生活の流れや環境構成等を把握する。 ・教育課程と、教育方針・指導計画や具体的な保育活動との関係を理解する。 ・幼稚園教諭の具体的な援助や環境構成を通して、個々の子どもへのかかわり方や、それぞれの活動における保育の展開に着目し、学びを深める。 ・一日の幼児の活動を通して、ありのままの育ちの姿（食事、排泄、生活習慣、遊び、興味の様子等）をよく観察する。 ・配属クラスの月案、週案等の指導計画を理解し、子どもの実態と具体的な活動や援助の方法の関係性を理解する。 ・家庭や地域との連携、子育て支援について実践を通して学び、幼稚園の役割への理解を深める。
参加実習	・幼児の活動に参加し、子ども理解を深める。 ・幼稚園教諭の補助を体験しつつ、個々の幼児とのかかわりのねらいを知り、保育に必要な基礎的な技術を身につけるよう努める。 ・職員間の役割分担とチームワークのあり方を学ぶ。 ・子どもの最善の利益への配慮を学ぶ。	・積極的に子どもとかかわり、子どもの発想や感覚に触れ、一人一人の個性や発達を理解するように努める。 ・発達に応じた保育内容や方法を理解し、クラスの子どもの実状に応じた指導計画の立案について助言や指導を受ける。 ・家庭との連絡・協力の実際について知る。 ・家庭を含む地域との連携や子育て支援について、園が取り組んでいる実践を通して、幼稚園の社会的役割や幼稚園教諭の役割について考え、理解を深める。 ・子どもの最善の利益を保障した保育実践のあり方を学ぶ。 ・「実習自己課題」や学びの視点を意識して意欲的に取り組み、学習した知識・技能が実際に展開する保育の様子から学ぶ。 ・幼稚園教諭としての倫理を具体的に学ぶ。 ・安全及び疾病予防への配慮を具体的に学ぶ。
担当実習	・一日の保育の一部を担当する〔部分担当（部分責任実習）〕。 ・日案（一日の指導計画）の立案から、保育の準備、実施、評価の全段階を体験する〔全日担当（全日責任実習）〕。 ・集団生活における個別的配慮のあり方と、集団としての指導のあり方を学ぶ。	・部分担当と全日担当の日時と内容を、実習指導者にお願いする。 ・日案作成に際しては、実習指導者の助言・指導を受け、子どもの実態に即したものとなるよう考え、具体的に準備を行う。 ・担当実習中はできる限り実習指導者と園長・主任の先生方に参観していただき、事後速やかに批評・助言を受ける。 ・乳幼児の心身の特性や特別支援の必要性、また問題と思われるような行動についても正しく理解できるよう指導を受ける。 ・障がいをもっている子ども等、さまざまな配慮を必要とする子どもに対する援助のあり方を学び理解を深める。
終了後	・幼稚園教諭に求められる資質・能力・技術に照らし合わせて、実習自己課題を明確化する。	・幼稚園教諭に求められる資質・能力・技術に照らし合わせて、実習自己課題を明確化し、今後の学習課題として記録する。

② 事前学習 I ―実習自己課題を立てる―

①実習自己課題を整理する

●実習自己課題を立てるうえで大切なこと

　実習先が異なっても、実習自己課題を立てる理由や重要性は変わりません。もう一度、「実習自己課題を立てる」(p.70・90) を見直してください。さらに、実習を重ねてきたからこそ大切にしたいこともあります。それは、みなさんのこれまでの経験を生かすことです。

●これまでの実習の振り返りから課題を整理

　これまでの実習経験やボランティア体験、保育に関する学習の成果を振り返り、達成できなかった課題や新たに得られた課題を整理します（第5章・第6章「振り返り曲線シート」「評価の照合」などを参照）。そのうえで教育実習に臨む際に「心がけたいこと」「新たに学んできたいこと」を再度考え、**教育実習における自分自身の課題を設定します。**

これまでの課題の整理
`POINT` 実践経験や学習を振り返り、箇条書きでできるだけ多く書いてみましょう。

---

②実習自己課題を立てる

●実習目標の理解

　まず「教育実習（幼稚園）の目標」(p.118) を理解することが必要です。なぜなら、振り返りなどでわかった自分の課題をこなすことが実習の目標ではないからです。保育所実習も施設実習もそれぞれ実習目標があり、目標を達成するための実習自己課題を立てたはずです。教育実習でもそれは同じです。教育実習の実習自己課題を立てる際にも、それぞれの目標を達成するために、実習中にどのような取り組みが必要かイメージしていきます（表7-1 p.119）。そうしたうえで、振り返りで得られた自分自身の課題を、教育実習での学習の内容にどのように落とし込んでいくのかがポイントとなります。次に「先輩の実習自己課題・テーマ（例）」を紹介しますので参考にしてください。

先輩の実習自己課題・テーマ（例）

・遊びや生活のなかで、子ども同士がどのようにかかわり合っているのかについて学ぶ。
・すぐに子どもに声をかけるのではなく、その子の思いや発達過程に応じた援助を考える。
・目の前の子どもに丁寧にかかわりながら、周囲の子どもにも目を配り、状況に応じた援助を行う。
・子どもの行動や言葉の意味を深く理解し、子どもに即した援助について学ぶ。
・集団への援助と個々の子どもの思いに応じた援助の仕方について保育者から学び、実践する。
・生活の様々な場面において、子どもが安全に活動できる環境構成について学ぶ。

●実習先に伝わる文章を書く

　文章を書くことは、自分の考えをまとめるだけではなく、相手に読んでもらうということでもあります。それはみなさん自身を知ってもらうことと言い換えることもできます。簡潔に過不足なく、読む人の頭のなかに具体的なイメージが湧くような文章を心がけましょう。

WORK　実習自己課題を立てる

①実習自己課題・私の実習テーマ
POINT　1 つか 2 つにしましょう。

②課題（テーマ）の具体的な内容
POINT　実習自己課題をもう少しわかりやすく、具体的な場面などを例示しながら書きましょう。

③課題設定の理由
POINT　なぜ、それが実習自己課題となったのか、設定理由がわかるような文章で書きましょう。

④具体的な取り組み方法
POINT　実習自己課題の達成のために、事前にどのような学習をするのか具体的に書きましょう。

③ 事前学習II ―実習先を知る―

①実習先の概要の理解

　幼稚園はそれぞれに教育方針・教育目標を立てています。また、地域性や規模、子どもの実態を考慮しつつ、創意工夫を重ねて教育課程を編成し、保育を展開しています。実習先がどのような経緯や理念をもって開園し、どのような保育への思いをもっているのかについて、実習前に実習先の特徴として理解しておきましょう。実習で子どもと接するうえで、具体的な保育内容や援助の方法を考えていくときに、それらの特徴は保育の根源を理解するうえでは欠かせない知識となります。ホームページの情報や資料閲覧などで事前に実習先の情報を調べましょう。オリエンテーションの内容や資料も含めて、実習先の様々な情報は、実習の記録（日誌）へまとめて記しておきましょう。

WORK　実習先の概要

①実習先の基本情報 **POINT** 沿革・周囲の環境についてまとめましょう。
②実習先の理念 **POINT** 教育方針・教育目標など、園が大切にしていることをまとめましょう。
③実習先の保育内容 **POINT** 特徴を具体的に書きましょう。
④実習先について知りたいこと **POINT** 保育内容や保育方法、一日の生活の流れなどにおいて、現時点ではよくわからない点を挙げてみましょう。
⑤実習先で学びたいこと **POINT** 実習先について、興味をもった内容や実習を通して学びたい内容について具体的に書きましょう。

②事前の準備

　「実習の目標」「学習内容」「これまでの実習の振り返り」「実習自己課題の作成」「実習先の理解」から見えてきた実習のための事前準備を進めていきましょう。

●オリエンテーションで確認することの整理 (p.20 を参照)

　オリエンテーションで実習先に確認しておきたい内容や見せていただきたい資料、実習の際に実践させていただきたいことなどについてまとめましょう。その際、どうしてそのことが必要なのか、その理由を説明できるようにしておくことが大切です。

貴園の…について…お尋ねします。

実習では…に参加したいです。
なぜなら…だからです。

●実習のために練習が必要なこと、準備しなければならないことの整理

　持ち物や提出物なども早めに準備し、余裕をもって実習に臨めるようにしましょう。また、実習自己課題を確認し、練習が必要なこと、学んでおかなければならないことを整理しましょう。

指導計画案をいろいろと考えておこう！

④ 一日担当実習の実際

　今までの実習内容をふまえて、一日の活動を計画（立案・準備）し、実践（担当実習）し、振り返る（記録する）という実習終盤の課題へ取り組みます。準備して臨みましょう。

①一日担当実習の指導案と保育の実際

　一日担当実習は、1日もしくは一定の時間をクラスの担任としての役割を担って保育を行う実習です。今までの部分実習や個々に応じた援助の経験を活かしていく必要があります。

　もし、**一斉活動場面**しか担当実習をしていないのであれば、この実習の前半で部分担当実習をさせていただきましょう。たとえば、「登園時の受け入れ〜身支度」「配膳〜昼食〜片づけ」「片づけ〜降園準備〜降園」、保育所では「午睡」「おやつ」など、生活の場面をクラスの担任として担当する実習では、特に個別性と集団性について学べます。

　あるいは、**子どもが主体的に遊びを選んでする活動場面**での遊びのコーナーの担当や（日をまたいで）継続する遊びの担当などでは、特に子どもの興味・関心や状況に応じた計画・準備や援助の連続性について学べます。これらの積み重ねが、実習後半の一日担当実習に向けて重要な経験となります。

②保育者との対話を意識する

　保育者同士も日々計画を立てる際には、対話を通して保育を振り返り、子どもの理解を深め、その先の計画へと反映させています。特に実習生は、毎日を共に過ごしている保育者とは違うので、子どもたちの様子や過ごし方について深くは理解できません。提出した指導案

図 7-1　一日担当実習指導案（記入例）4 歳児幼稚園

日時	○○年 7 月××日（金）　9:00 〜 14:00	在籍人数	25 名（男児 14 名　女児 11 名）

●幼児の姿
・電車やキャンプ、お店屋さんなど自分たちにとって身近だったり経験したりしたことが共通のイメージとなり、遊びの場で友達と集う楽しさを感じている。 ・一人一人に気の合う相手や一緒に遊びたい相手がおり、友達と一緒に遊びたいという思いをもって、互いに影響し合いながら遊びを進めている。 ・身支度や片づけなど、生活に必要なことに進んで取り組み、自分でできることに自信をもっている。

●ねらい	●幼児の経験する内容
○戸外で友達と一緒におもいきり体を動かして楽しむ。 ○友達と一緒に遊びを進めたり、イメージや動きを合わせたりする楽しさを感じる。	・簡単なルールを守りながら、友達と一緒に体を動かす楽しさを感じる。 ・音をよく聴いてリズムに合わせて踊ったり、楽器を鳴らしたりする。 ・いろいろなリズムに触れて動きながら友達とのつながりを感じる。

時間	環境構成	予想される幼児の姿（生活の流れ）	実習生の援助、配慮
9:00		○登園する ・挨拶をする ・所持品の始末をする ・水やりをする	◎身支度では、自ら取り組んでいる姿を認めたり、先への見通しをもてるような言葉をかけたりする。 ◎実習生が進めることを伝え、一日の見通しを確認しつつ個別にかかわる。
9:15	保育室 ダンス 楽器遊び　製作 ごっこ遊び　絵本・空き箱 園庭 どろだんご　なわとび ルールのある遊び（中当て、助け鬼）	○好きな遊びをする ［保育室］・製作　・絵本 ・ごっこ遊び　・ダンス ・楽器遊び ［園庭］ ・ルールのある遊び（中当て、助け鬼、リレー） ・どろだんご　・色水　など	好きな遊びをする ◎友達と思いを出し合って遊びを進めていく楽しさを味わえるように、子どものイメージに合わせて物や環境を用意する。 ◎互いの思いがうまく伝わらない時や自分の思いや考えがうまく伝えられない子どもには、実習生が仲介役となり、自分の考えが相手に伝わったり受け入れてもらったりした喜びを感じられるようにする。
10:40		○片づける 手洗い・うがい	
10:55		○集まり：楽器遊び	
	〔別紙指導案（1）〕		
11:15		○お弁当を食べる ・お弁当の準備をする ・当番活動をする ・挨拶をする	◎それぞれの子どもの支度のペースを見守りながら、食事を楽しめるような雰囲気づくりを心がけて声をかけていく。
12:05	・一斉活動で楽しんだ楽器遊びを楽しめるように準備する。	○好きな遊びをする ［保育室］・製作　・絵本 ・ごっこ遊び　・ダンス ・楽器遊び ［園庭］ ・ルールのある遊び（中当て、助け鬼、リレー） ・どろだんご・縄跳びなど	・リズムを楽しみながら音や動きがそろうおもしろさを感じられるようにする。♪『へい！タンブリン』
13:00		○片づける	
13:15	・周囲の様子を見て安全に気をつける	○ダンスをする	
13:30	保育室 実習生 子ども	○降園活動をする ・帰りの身支度をする ・歌を歌う『ホ・ホ・ホ！』 ・絵本を読む『なんのぎょうれつ？』 ・来週の予定を確認する ・挨拶をする	◎早く集まってきた子どもといっしょにダンスする。 ◎一人一人の支度のペースを見守りながら、自分で行おうとする姿を認める。 ◎楽しく集まる雰囲気を大切にしながら、話を聞く姿勢などについても知らせていく。
14:00		○降園する	◎保護者に様子を伝え、挨拶をする。

や記録など、実習指導担当者との対話を通して計画を修正していくことこそが、子ども理解と計画の立案の関係を理解していくために**必要な学びの過程**なのです。

125

⑤ 事後学習—実習の振り返り—

①保育者からの指導をふまえた振り返り

　実習先の保育者との日々のやりとりや実習終了後の反省会や振り返り、実習の記録（日誌）へのコメントなどで指導・助言をいただいたことをふまえて、実習での具体的な場面に触れながら書きましょう。

WORK 教育実習（幼稚園）の振り返り

①「実習の目標」と「実習自己課題」についての振り返り **POINT** 目標や課題に対してどのように取り組み、理解を深められたかを具体的に書きます。
②これまでの実習と比べて達成できたこと、理解できたこと **POINT** 実習種別が異なっていても、実習を通して積み重なってきていることを記入します。
③この実習で特に学んだこと **POINT** 具体例を含めて書きます。
④この実習で達成しきれなかった課題・新たに見つかった課題
⑤次の実習でチャレンジしたいこと

②教育実習（幼稚園）の振り返り曲線シート（私の実習曲線）

　今までの実習経験との積み重ねを意識して、46ページの記入の方法をよく読み、自分の長所と課題を明確に記述しましょう。

WORK　教育実習（幼稚園）の振り返り曲線シート（私の実習曲線）

学籍番号	氏名

自信をもったこと、そしてさらに向上させたい点（発展的な実習自己課題＝自分の長所を伸ばそう）

プラス面の要因を吹き出しでコメント記入（保育者からの指導内容や成果について記述を入れる）

テーマ：黒線「体調の変化」、赤線「モチベーションの変化」

実習前	／　〜　／	／　〜　／	／　〜　／	
5				
0				
-5				

マイナス面の要因を吹き出しでコメント記入（保育者からの指導内容や成果について記述を入れる）

今後の学びが特に必要なこと・実習自己課題（省察的課題＝自分に必要なことを見つめ、具体策を考えよう）

127

③自己評価と幼稚園からの評価の照合

実習においての自己評価と幼稚園からの評価（他者評価）の違いを認識し、他者から見た自分自身の長所や課題、保育を学ぶ学生として求められていることなどを再確認しましょう。

WORK 教育実習（幼稚園）の評価の照合

年　　　月　　　日

| 園名 | | | | 学籍番号 | | 氏名 | | | |

	評価項目	具体的な内容	非常に優れている	優れている	適切である	努力を要する	非常に努力を要する
子どもと保育の理解	幼稚園の理解	・保育者からの指導や観察により、幼稚園の目的や役割・実習園の特色を理解する。					
	一日の流れの理解	・幼稚園の一日を理解する。 ・保育者の働きかけと子どもの相互関係を実際に観て学ぶ。					
	子どもの発達と実態の理解	・観察やかかわりを通して、子どもの心情や一人ひとりの育ちの姿を理解しようとする。					
	教育課程・指導計画と子どもの姿に応じた展開	・子どもの理解、保育者の保育のねらいや意図に基づいた保育の計画が、実際に展開される実践の方法を観て学ぶ。 ・担当実習の計画を立案・実践し、その振り返りから反省を次の実践に生かす。					
	保育内容に適した環境	・保育環境が子どもの生活や活動、発想や興味・関心に大きな影響を与えることを実際に観て学ぶ。 ・安全・衛生・気候に適切な環境を考える。					
実習の姿勢	主体性	・主体的に保育に参加し子ども理解を深める。 ・保育者の様々な仕事を体験し、保育に必要な基礎的な技術を身につけるよう努める。					
	意欲・探求心	・学ぶ意欲をもって実習に取り組む。 ・日々の実習を振り返り、次の実践に向け意欲的に助言を生かそうとする。					
	勤務姿勢・教員の職業倫理の理解	・遅刻・早退等なく出勤する。 ・社会的な常識や振る舞いについて改めて自覚し、信頼される人になろうとする。					
実習自己課題	「実習自己課題」への取り組み	・事前学習での「実習自己課題」や学びの視点を持って実習に臨み学びを得る。					
	実習ルールの理解	・事前学習で学んだ実習の規定・課題等を理解し適切に実行する。					
総合所見	優れていた点・期間中に成長や努力が見えた点						
	今後の課題						

評価を照合して感じたこと学んだこと、今後に生かしたいこと

Q1. 認定こども園とは何ですか？

A1. 認定こども園は、文部科学省が所管する幼稚園と、厚生労働省が所管する保育所の機能をあわせもち、教育・保育を一体的に行う施設です。

　認定こども園には、４つのタイプがあります。①「幼保連携型」：幼稚園的機能と保育所的機能の両方をあわせもつ単一の施設として、認定こども園としての機能を果たすタイプ、②「幼稚園型」：認可幼稚園が、保育が必要な子どものための保育時間を確保するなど保育所的な機能を備えて認定こども園としての機能を果たすタイプ、③「保育所型」：認可保育所が、保育が必要な子ども以外の子どもも受け入れるなど、幼稚園的な機能を備えることで認定こども園としての機能を果たすタイプ、④「地方裁量型」：幼稚園・保育所いずれの認可もない地域の教育・保育施設が認定こども園として必要な機能を果たすタイプがあります。

　保護者が働いている、いないにかかわらず子どもを受け入れて、教育・保育を一体的に行うことや、すべての子育て家庭を対象に、子育て不安に対応した相談活動や親子の集いの場の提供などを行う機能が期待されます。

Q2. 認定こども園で実習できるのですか？

A2. 認定こども園でも、教育実習（幼稚園）や保育実習（保育所）はできます。ただし、教育実習（幼稚園）では、「幼保連携型」認定こども園または「幼稚園型」認定こども園の幼稚園としての機能を果たす部分における実習を行うことになります。保育実習（保育所）では、「幼保連携型」認定こども園または「保育所型」認定こども園の保育所機能部分での実習を行うことになります。「幼保連携型」認定こども園では、どちらの実習も行うことができますが、各養成校の実習規定などを確認する必要があるでしょう。

　認定こども園で実習を行う場合は、自分の実習が教育実習（幼稚園）なのか保育実習（保育所）なのかを理解して臨む必要があります。また、その実習の目標や段階がどのように設定されているのかを理解しておきましょう。

Q3. 保育教諭とはどのような資格ですか？

A3. 保育教諭という特定の資格があるわけではありません。

　保育教諭とは、幼保連携型認定こども園の勤務に必要な幼稚園教諭の免許状と保育士資格の両方をもっている職員のことをいいます。したがって、幼保連携型認定こども園は、幼稚

園と保育所の一体化施設であるため、勤務する職員は原則として幼稚園教諭の免許状と保育士資格の両方をもっている必要があるとされています。

Q4. オリエンテーションの際に聞かなくてはいけないことは何でしょうか？

A4. 実習先のオリエンテーションは、実習生が内容の濃い実習を円滑に行うためにとても重要な事前学習の機会です。しかし、知りたいことをうまく聞けずに後で悔やんでいる実習生の姿もよく見かけます。十分準備をしてオリエンテーションに臨みましょう。

ポイントは、①「実習を行うための諸注意」、②「実習のスケジュール」、③「実習先の理解」です。実習先に行く時や帰り道にもポイントがあります。駅からの道順やバスの時刻など通勤に必要な情報の収集と近隣の地域性などを把握しましょう。

実習指導担当者との面談では、まず、①「実習を行うための諸注意」を確認します。実習中の出退勤時刻、持ち物（名札・弁当・コップ・タオル・靴等）、服装（保育中・通勤時）、出勤票の保管場所、実習の記録（提出方法、個人名の取り扱い・記録用紙の様式）、荷物の保管場所などを確認しましょう。

次に、②「実習のスケジュール」の確認です。実習期間、実習方法（観察実習、担当実習等の時期の目安、行事への参加など）、配属クラス、実習中の課題の有無などです。

そして実習の充実に向けて大切な、③「実習先の理解」です。園の沿革、園の保育方針・特色、具体的な一日の流れ、園児数やクラス名や担任名、園の環境などを具体的に教えていただくと、実習をイメージした準備を進めていくことに役立ちます。園のパンフレット、週案や年間計画などの指導計画、保護者向けのお便りなどを見せていただけないかお願いしてみるとよいでしょう。また、必ず園内を案内していただきましょう。クラスの配置、保育室内の環境、更衣室、靴箱の位置など具体的な園の理解につながり、子どもの様子も見えてくるでしょう。

実習先から見ると、オリエンテーションは実習生がどのような人なのかを知る最初の機会です。あなたの実習への意欲がしっかりと伝わる対話になるようにしましょう。

Q5. 保育所での実習と幼稚園での実習で子どもとのかかわり方に違いがありますか？

A5. 保育所と幼稚園で、子どもへのかかわり方に違いがあるわけではありません。どちらも子どもの興味や関心、子どもの思いを理解することに努めたうえで、適切なかかわりを考え実践していくことが大切です。ただし保育所では、乳児とかかわる機会がありますので、発達に応じた援助という点においては、幼稚園でのかかわりとは違いがあるといえるかもしれません。

子どもへのかかわり方や援助の仕方は、保育所と幼稚園の違いというよりは、園の保育・

教育の理念や方針、立地している周囲の地理的な環境、園の文化などによって違いが現れてくるように思います。つまり、子どもにどのように育ってほしいか、どのような経験をしてほしいかという園が育てたい子ども像や園の子ども観・教育観によって、かかわり方や援助の方法は変わってくるといえるでしょう。

Q6. ピアノが不得意で実習が心配です。何を準備したらよいでしょうか？

A6. 実習中に子どもの歌の伴奏などのピアノ演奏課題を求められることがあります。

　実習前の具体的な準備としては、実習前のオリエンテーションでピアノが不得意だが努力することを実習先に伝え、あらかじめ、配属予定クラスで伴奏する可能性がある曲・歌を教えていただき、早めに練習を開始することをおすすめします。はじめは片手ずつ歌いながら練習して、間違えても止まらず、なるべく子どもが歌い続けられるように伴奏することを心がけましょう。

　また、練習の際には、いつも一曲全部を通して弾くのではなく、間違える箇所だけを取り出して練習し、その部分が弾けるようになったら徐々に前後数小節に範囲を広げて弾く練習方法が効果的です。ピアノは練習した時間分だけ必ず上達する楽器なので、今からピアノに触れて、弾くことに慣れておきましょう。

　けれども忘れてはいけないことは、保育所や幼稚園で子どもが歌を歌う目的や意味は何かをきちんと理解したうえで、保育者の役割や技術を身につける努力をすることです。保育者の役割は、子どもが音楽的なコミュニケーションや表現する喜びを経験するための力添えをすることです。そのためには、まずあなた自身が子どもたちと音楽を楽しむことから始めましょう。子どもと視線を合わせて一緒にリズムを感じ、メロディーや音を奏で、歌詞の世界を味わいながら、声を合わせて歌うことを大切にしてください。

　苦手意識はなかなかなくならないかもしれませんが、子どもたちがあなたと一緒に歌うことで音楽の楽しさを感じられるように、心を込めてさまざまな準備をしてください。

先生と友だちと
歌うって楽しい！
と感じる経験を…

column

遊びを通して学ぶとは

　「幼稚園教育要領」「保育所保育指針」「幼保連携型認定こども園教育・保育要領」が同時に改訂され、2018（平成30）年4月から施行されています。そのなかで、幼稚園、保育所、認定こども園は、「環境を通して行う教育」を行い、子どもの主体的な活動としての遊びを中心として、一人ひとりの気づきや学びに応じた指導を行うことを最も大切にしようと伝えています。そこには、2つのポイントがあります。

　保育者は子どもの五感に語りかけることを念頭に、子どもの感性に心と耳を傾けながら保育室や園庭の環境を整えます。たとえば、園庭には登り棒やブランコなどの固定遊具、土・砂・水・草花などの自然物、保育室には積み木、ごっこ遊びの道具、人形、紙や空き箱、木工用具、楽器、子どもがいつでも観察し触れ合える小動物であるうさぎ、カメ、金魚、小鳥などです。

　これらの環境のなかで、子どもが主体的に行動を選ぶことを保障していくことが重要です。子どもは時間、空間、気持ちにゆとりがあるなかで自ら環境に働きかけ、遊びを通して考えたり、試したり、工夫したり、表現することを繰り返し、次第に様々なことに気づいたり、わかったり、できるようになっていきます。そのなかで、友だちや保育者に出会い、互いの意見を聞き、体験が共有され「また明日もやってみよう」という気持ちにつながっていきます。このことは、幼児期以降にもやりたいことを見つけて粘り強く取り組む力となっていくのです。

　保育者は、子どもの「なんだろう、知りたい、不思議だなあ、やってみよう」という思いを大切にしながら、子どもの声を聞き、保育をともに創り出していく存在であるといえます。実習生として保育の現場に行くみなさんは、子どもの遊びの世界を一緒に楽しみながら、子どもが今、何に興味をもって、どのようにかかわろうとしているのかをじっくり観察することから始めるとよいでしょう。

第8章

保育実習Ⅱ（保育所）・保育実習Ⅲ（施設）

① 総仕上げとなる実習

①保育実習Ⅱ（保育所）・保育実習Ⅲ（施設）の意義

●実習先を選択する

あなたが学ぶ学科の専門性、あなた自身の興味・関心、希望進路などに応じて、保育実習Ⅱ（保育所）、保育実習Ⅲ（施設）のいずれかひとつを選択して、より専門性の高い実習に取り組みます（表8-1）。

表8-1　保育実習Ⅱ・Ⅲの実習先

科目名	実習先
保育実習Ⅱ（保育所）	認可保育所、認定こども園（保育所型）
保育実習Ⅲ（施設）	児童発達支援センター　等

●これまでの実習の総仕上げ

保育実習Ⅱ・Ⅲを実施するためには、保育実習Ⅰのすべての課程を修了し、単位が認定されている必要があります。なぜなら、これまでの学びを総括して実習に臨み（事前学習）、自身の力を試して実践に尽くし、さらに実習を振り返りましょう（事後学習）。自分のなかにしっかりした保育観・乳幼児観・福祉観・人間観を構築し、なりたい保育者像を目指して立つための総仕上げとなる実習だからです。

●専門職としての本格的な経験を積む

保育実習Ⅱ・Ⅲでは、これまでの実習よりも長い時間、あるいは一歩踏み込んだ保育・支援活動を経験します。活動と活動のつながりや切り替えの部分なども含めて、一日の計画を立案し、教材や環境を整え、実際に主となって実践する担当実習（責任実習・全日実習）を行う場合も多いでしょう。保育実習Ⅱ・Ⅲは、専門職として本格的な経験を積み、実践力を身につけていく実習なのです。

②経験から学ぶ─これまでの実習の振り返りから学ぶ─

これまでの実習の「意義」「目標」、自分が取り組んだ事前学習（実習自己課題、実習先の概要）、事後学習（振り返り、評価）など、各実習のステップを振り返ることが大切です。

次の表にそれぞれの実習自己課題、振り返り曲線シート、評価の照合から簡潔に引用し、総仕上げとなる実習の目標・課題を立てる前に、これまでの実習で何を達成し、何が課題として残されているかを確認しましょう（p.44・45を参照）。

WORK これまでの実習の振り返り

STEP1　はじめての保育実習

実際の保育現場で「子どもの生活」「保育者の生活」を体験的に学び、あらためて子どもにかかわる大人としての態度・考えを身につけました。

実習自己課題（p.71）

この実習で達成できなかった課題（p.76・77）

今後の学びに必要なこと（p.76・77）

STEP2　施設実習

施設保育士の職務内容についての学びを含め、幅広い視野をもち、あらゆる問題に対応できる高い技術や専門性を身につけることを目指しました。

実習自己課題（p.91）

この実習で達成できなかった課題（p.110・111）

今後の学びに必要なこと（p.110・111）

STEP3　教育実習

援助のあり方の実際について学び、保育者として欠かせない資質や技量の修得と、保育という営みに対する自分の見方を広げたり、新たな保育観の構築を目指しました。

実習自己課題（p.121）

この実習で達成できなかった課題（p.126・127）

今後の学びに必要なこと（p.126・127）

STEP4　総仕上げとなる実習

これまでの実習の学びと、実習の目標をふまえて、実習自己課題を立てる（p.139）

③保育実習Ⅱ・Ⅲの目標・内容を知る

　次に示すのは、保育実習Ⅱ・Ⅲの目標と学習内容です。保育実習Ⅰ（保育所・施設）の目標・保育内容との違いを確認してみましょう（p.68・88を参照）。それぞれの実習の目標や具体的な学習を理解し、実習自己課題を立てる際の参考にします。

保育実習Ⅱ（保育所）の目標

①継続的なかかわりを通して子どもの理解を深め、個々に応じた援助のあり方について学ぶ。
②子どもの理解、保育者のねらいに基づいた保育の計画が展開される実際を観て多様な保育を知る。
③家庭支援等を含めた保育所の多様な機能や社会的役割と、その意味について学ぶ。
④保育の計画の立案・実践等の経験（担当実習）を通して、必要な専門的知識・技能・価値の獲得を目指し、子どもの最善の利益を保障することを原則とした子ども観・保育観を身につける。

表8-2　保育実習Ⅱ（保育所）の実習段階と学習内容

段階	学習内容	具体的な内容
オリエンテーション	○保育者からの指導や観察により、保育所の目的や役割（実習園の概要・保育の特色）を理解する。	・園の成り立ちや沿革、保育理念、保育方針・園の地域特性・園内の環境構成・園児のクラス分けの形態と特徴等の園の概要を学ぶことで、保育所の目的や役割を理解する。 ・園の職員構成や役割分担を知り、クラス運営以外に保育者が担う役割・業務分担を知る。 ・園の諸規則・注意事項の指示を受け、それを守る。 ・実習先からの実習課題を知り、実習自己課題を立てて臨む。
観察実習	○保育所の一日を理解する。 ○子どもの姿や発達に応じた保育の展開を観る。 ○保育の計画と具体的な保育活動との関係を理解する。 ○保護者と保育者とのコミュニケーションを通して、家庭支援における保育所の役割について理解する。 ○地域社会で園が果たす役割について学ぶ。	・一日の生活の流れを知り、保育者の働きかけと子どもの心情・生活の相互関係を実際に見て学ぶ。 ・年齢・発達・個々によって様々な子どものありのままの育ちの姿（食事、排泄、生活習慣、遊び、興味の様子等）をよく観察する。 ・配属クラスの月案・週案等の指導計画を理解し、子どもの理解、保育者の保育のねらいや意図に基づいた保育の計画と、実際に展開される実践を学ぶ。 ・連絡帳の内容や送迎時の会話等から子どもの育ちを支える保護者との連携の実際を知る。 ・家庭や地域との連携、多様な支援が必要な子ども・保護者に対する保育所や保育士の社会的役割への理解を深める。
参加実習	○子どもの活動に積極的に参加し、子どもの理解・多様な保育内容の理解に努める。 ○個々に応じたかかわり方について学ぶ。 ○子どもの最善の利益を尊重したかかわりや配慮を学ぶ。	・子どもと積極的にかかわってその心情や発想に触れ、一人ひとりの個性や発達の過程の違いを理解しようとする。 ・「実習自己課題」や学びの視点を意識して意欲的に取り組み、学習した知識・技能が実際に展開する保育の様子を学ぶ。 ・保育者と共に保育活動に参加し、環境整備・衛生管理・安全及び疾病予防等、多様な保育士の仕事を経験する。 ・保育者としての倫理・常識や振る舞いを身につける。
担当実習	○部分実習、保育の一部を担当する〔部分担当（部分責任実習）〕。 ○全日実習、日案の立案・保育の準備・実践・振り返りの全段階を体験する〔全日担当（全日責任実習）〕。 ○集団活動での保育実践を学ぶ。	・担当実習（部分・全日）の日時と内容は早めに相談し、助言・指導を受けて子どもの実態に即した計画を作成、具体的に準備を行う。 ・担当実習について多くの指導者から批評・助言を受け、その振り返りから反省を次の実践に活かすために記録をする。 ・個別的配慮と集団活動の保育の留意点、様々な支援の必要な子ども（発達支援・心身の特性や状況・問題と思われるような行動）の正しい理解と対応について指導を受ける。

＊「保育実習Ⅱ（保育所）」の目標と内容は、「保育実習Ⅰ（保育所）」の目標に新たに下線部分を加えた全体です。

保育実習 III（施設）の目標

①実習施設の機能と役割について理解する。
②個々の発達特性を知り、それに応じた具体的な支援方法を学ぶ。
③地域との連携や家庭への支援方法等の実態を学ぶ。
④施設保育士の役割を理解し、職業倫理について学ぶ。

表 8-3　保育実習 III（施設）の学習内容

主な学習内容	具体的な内容
・実習施設について理解を深める。	・実習施設の設立理念と、支援の目標を理解する。 ・実習施設の建物や配置、設備など物理的環境を理解する。 ・実習施設の機能、役割を理解する。
・施設における支援活動全般に参加し、支援技術を習得する。	・施設における支援活動に参加し、一日の活動の流れを理解する。 ・保育士および指導員・支援員の職務を補佐し、その職務の具体的内容を理解する。 ・日常の支援を展開するうえで必要な支援技術の修得に努める。
・子どもの個別のニーズを理解し、その対応方法を習得する。	・子どもの特性や発達状況、家庭的背景等を理解する。 ・子どもと活動を共にし、コミュニケーションを図って、個別的理解を深め、そのニーズを理解する。 ・子どもに共感し、受容する態度を身につける。 ・子ども一人一人の発達の違いに応じた対応・支援方法を学ぶ。
・支援計画（指導案）を立案し、実践する。	・施設での活動に積極的に参加し、施設の支援目標を理解する。 ・年齢や発達の過程その他個人の特性等に応じた支援計画（指導案）のあり方を学び、支援計画を立案し、支援担当職員のもとで実践する。
・職員間の役割分担とチームワーク、勤務体制について理解する。	・施設がその役割を果たすための職員配置、職務分担について学ぶ。 ・子どもへの支援にかかわる職員の連携や勤務体制（シフト）を知り、一貫性・継続性に配慮した養護または支援の視点を学ぶ。 ・施設における様々な職種の業務内容や役割に触れ、チームワークのあり方について理解する。
・施設・家庭・地域社会の連携について理解する。	・施設と家庭（保護者）とのかかわり、家庭支援や日常的な連携について説明を受け、実態を知る。 ・施設と他の地域資源（学校・医療機関・他の施設・児童相談所等）との関係や連携を知る。 ・地域における子育て支援事業（地域生活支援事業）の実態について理解する。
・子ども（利用者）の最善の利益を具体化する方法について学ぶ。	・実習施設の理念、目標等から、子どもの最善の利益への配慮の意味を理解する。 ・保育士の援助の方法や対応から、子どもの最善の利益への配慮の姿勢を学ぶ。 ・子どもの権利擁護の実際について学ぶ。
・保育士としての倫理を理解する。	・守秘義務の遵守、個人のプライバシー保護を尊重した取り組み等がどのようになされているのかを学ぶ。 ・被措置児童虐待の防止等の取り組みについて知る。
・安全及び疾病予防への配慮について理解する。	・施設の安全管理への取り組みについて知る。 ・一人一人の子どもに対する安全及び衛生に関する配慮を理解する。
・施設保育士に求められる資質・能力・技術に照らし合わせて、実習自己課題を明確化する。	・実習先からの実習課題を知り、実習自己課題を立てて臨む。 ・対人援助者としての保育士に必要な資質や、養護または支援技術について理解する。 ・実習を通して得た自身の問題や課題を明確化し、今後の学習課題として記録する。

② 事前学習Ⅰ ──振り返りと実習自己課題──

①振り返りと実習自己課題

●経験を生かし、一歩進んだ実習自己課題の設定を

　これまでの実習経験を経て、実習自己課題の立て方については理解が進んでいるでしょう。保育実習Ⅰや教育実習よりも、保育現場で自信をもって、子どもや保育者、利用者や実習指導担当者にかかわれるようになると思いますが、保育実習Ⅱ・Ⅲでは資格取得後の進路選択も視野に入れ、自らの「慣れ」や「熟達」よりもさらに一歩進んだ実習自己課題を設定してみましょう。

●これまでの実習の振り返りから課題を整理する

　「 WORK これまでの実習の振り返り」(p.135)をまとめる作業のなかで、保育実習Ⅰ（保育所・施設）と教育実習（幼稚園）での課題については整理ができていることと思います。それらに加えて、ボランティア体験や保育に関する学習の成果も振り返り、実践の場において自分なりに心がけたいこと、さらに挑戦したいこと、新たに学びたいことを考え、保育実習Ⅱ・Ⅲの課題として整理しましょう。また、自分の思いや経験だけに偏ることなく、友人や先輩の実習自己課題もおおいに参考にしましょう。

> **先輩の実習自己課題・テーマ（例）**
> ・一日の遊びや生活のなかで、子ども同士がどのようにかかわり合い、関係を広げたり深めたりしているかについて学ぶ。
> ・積極的に子どもとかかわり、必要な声かけを行って次の活動の展開を促す。
> ・年齢・個性・障がいの内容などによる一人ひとりの姿を捉え、安全でよりよい環境、教育・養育が効果的に展開される心地よい生活をつくる働きかけを工夫する。
> ・保育者・支援者の意図や動きを読み取り、自分から積極的に動いてみる。
> ・その日の出来事や言動だけで判断せずに、前後の生活や遊びの様子を含めた長い見通しをもち、その子どもの思いや発達の過程に応じた保育・支援を考える。
> ・集団のなかで個々の子どもの思いや行動の意味を受け止め、その時々の場面に合った援助ができるように、保育者・支援者と子どもたちのかかわりから学び、実践する。
> ・保育所や施設で、保護者とのコミュニケーションのとり方について学ぶ。
> ・保育所や施設が近隣・地域社会とどのような関係づくりをしているか、何を求められているかについて知り、保育者が果たす役割を学ぶ。

②実習自己課題を立てる

　次のように、保育実習Ⅰの実習自己課題と保育実習Ⅱ・Ⅲの実習自己課題を併記してみると実習の過去と現在が把握しやすくなり、今後の課題が見えてきます。「何ができていて何ができていないのか」「自分の興味や関心は何か」をしぼり込み、締めくくりの実習として、一段階、ステップアップした実習を目指しましょう。

WORK　実習自己課題を立てる

保育実習Ⅰの実習自己課題と評価

注：保育実習Ⅱを選択した場合は、保育実習Ⅰ（保育所）、保育実習Ⅲを選択した場合は、保育実習Ⅰ（施設）の実習自己課題と評価を日誌から転記・要約します）。

実習自己課題

....
....
....

①課題の具体的な内容

....
....
....

②課題設定の理由

....
....
....

③具体的な取り組み方法

....
....
....

④課題に対する自己評価（実習最終日に記入）

....
....
....

⑤今後の課題（実習終了後に記入）

....
....
....

保育実習Ⅱ・Ⅲの実習自己課題

注：あなたが選択した保育実習Ⅱまたは保育実習Ⅲについて記入します

実習自己課題
POINT　1つか2つにしましょう。

....
....
....

①課題の具体的な内容
POINT　実習自己課題をもう少しわかりやすく、具体的な場面などを例示しながら書きましょう。

....
....
....

②課題設定の理由
POINT　なぜ、それが実習自己課題となったのか、設定理由がわかるような文章で書きましょう。

....
....
....

③具体的な取り組み方法
POINT　実習自己課題の達成のために、事前にどのような学習をするのか具体的に書きましょう。

....
....
....
....

③ 事前学習II ―実習先を知る―

①実習先の概要の理解

●概要を理解する意味

これまでの実習で学んだように、実習先の概要を理解し、丁寧に記録しておくことは、単なる情報やデータの確認にとどまらず、日々の保育・支援内容の意味や願いを知り、次の展開を理解するうえでとても重要なことです（「実習先の概要」の記入 p.54、各実習の事前学習 p.68~73・p.88~93・p.120~123 を参照）。

●実習先の現状を再確認する

保育実習Ⅰと同じ実習先で実習を行う場合でも、年度・季節・実習期間の変動により、園舎や周囲の環境、在籍する職員・保育者・子どもの数、クラス編成や役割分担などに変化がないかを確認する必要があります。次の内容を復習し、ホームページやオリエンテーションで再確認しておきましょう。

実習先での確認事項

○園名・施設名
○所在地の住所・電話番号
○年齢別在籍数・クラス数
○地域の環境
○保育・療育時間、代表的な活動、子育て支援・療育相談などのプログラム
○具体的に行われていた活動内容やあなたが魅力的だと思っていたことなど

○園長・施設長・理事長名など
○職員構成・職員数
○保育・支援方針
○建物・庭などの見取り図
○実習先の理念・方針・目標など、園が大切にしていたこと
○前回の実習前に具体的に準備や練習が必要だと指示されたこと

---

②実習先の特徴・実習内容を知る

●実習先の子どもに再び出会う

保育実習Ⅱ・Ⅲの実習が始まり、同じ実習先を再び訪れる実習生の多くが、「先生！　覚えてる？」「また来てくれるの？」「○○組になったんだよ」と、子どもたちの歓迎を受けて実習を始めています。子どもたちの記憶の意味や姿、成長の速さへの驚きとそれを実感できる喜び、短い期間でも園や施設の考え方の変化が日常に大きな影響を与える様子など、再会・再訪だからこその気づきや学びを得ているようです。

保育実習Ⅱ・Ⅲを始める前に、必ず保育実習Ⅰの記録を取り出し、上記の確認事項に加えて、ともに過ごした子どもの様子や名前、朝・昼・夕の部屋の雰囲気や活動の流れなどを再確認しておきましょう。

●実習先の子どもに新しく出会う

　新規の実習先で新しく実習を始める場合でも、保育実習Ⅰで出会った子どもの姿を基準として、それとは異なる季節・人・役割・環境の姿を捉えることができます。

●これまでの実習を省察して自分自身を知る

　「 WORK これまでの実習の振り返り」（p.135）で確認したように、本書では、各実習の日程を修了した後に、「課題の設定→実習への参加→実習の評価」という流れに沿って、しっかりと事後学習・実習の振り返りを行い、自己の学びと新たな課題を明確にしています。

　さらに、総仕上げの実習の事前学習として、下記のキーワードを参考に、自分の成長や残された課題、長所・短所などを客観的に整理して、実習での取り組みにつなげましょう。

　また、実習の記録（日誌）の記述から、実習指導担当者からの主な指導・助言と、反省や対策をチェックし、同じようなミスを繰り返さないように準備しましょう。

　最後の実習を終えれば進路選択の時期を迎えますが、保育実習Ⅱ・Ⅲ前後の自分自身の成長を自覚することが、保育職としての自分を知る大きな材料になるでしょう。

保育実習Ⅰ（保育所）の省察のキーワード（例）

・乳幼児の発達過程、子どもたちとのかかわり、
　子ども理解（遊び・生活面への援助や配慮・月齢や年齢に応じた適切な援助・個人差の理解）
・実習指導担当者からの学び、コミュニケーション
・部分担当実習
・事前準備（事前学習・保育教材や指導案の準備・健康管理など）
・保育記録（実習日誌への記入、書くことを通じた保育や子どもへの理解）
・保育所の機能や役割
・実習園の特色（保育方針・保育形態・保育内容・規模・園環境など）

保育実習Ⅰ（施設）の省察のキーワード（例）

・事前準備（事前学習・健康管理・生活技術の習得など）
・施設の機能や社会的役割（施設、家庭、地域社会とのつながり）
・実習施設の特色（理念、設備や建物の構造など）
・指導職員からの学び、コミュニケーション
・記録（実習日誌への記入、書くことを通じて利用児［者］への理解や職員のかかわりの意図）
・職員間の情報共有や連携について
・利用児（者）の個別理解と支援内容（個別支援計画など）

教育実習（幼稚園）の省察のキーワード（例）

・保育理念（地域、沿革、規模なども含めて）
・実習中に特に繰り返し指導されたこと、学んだことは何か
・年齢による発達の姿、保育内容の特徴（プログラム・時間・活動人数など）
・年齢や保育者による子ども同士の関係の違い
・現場で体験したいちばん印象に残るエピソード
・保育所保育との違い（生活の流れ、クラスの人数、活動のスケジュール、保育者の役割、指導援助の
　方法、よく使う言葉、子ども同士の関係［異年齢・同年齢］、環境構成など）。雰囲気や印象で単純に
　比べずに具体的な視点で比較する。

④ 事後学習—実習の振り返り—

①保育者からの指導をふまえた振り返り

　保育者との日々のやりとりや実習終了後の振り返り、実習の記録（日誌）へのコメントなどで指導いただいたことをふまえて、実習での具体的な場面に触れながら書きましょう。

WORK　保育実習Ⅱ・Ⅲの振り返り

①「実習の目標」と「実習自己課題」についての振り返り **POINT** 目標や課題に対してどのように取り組み、理解を深められたかを具体的に記入します。
②保育実習Ⅰと比べて達成できたこと、理解できたこと **POINT** 前回の実習からの自己評価を記入します。
③この実習で指導を受けた課題・もっと知りたいと思ったこと

②学びの発表・情報交換

　みなさんが保育実習・教育実習を終えて学び得たことを他の学生と伝え合いましょう。その際、①実習を重ねるたびに深まってきたこと、②保育・教育・福祉の実践を通して専門職として大切だと学んだこと、③今後の学習や実践に向けて課題としたいことを意識して話しましょう。

③保育実習Ⅱ・Ⅲの振り返り曲線シート（私の実習曲線）

　実習での「学びの深まり度」と「モチベーション」を曲線で示すことにより、自己分析を行いましょう。前回の実習と比較しながら、実践したことや感じたことをよく振り返りましょう。

WORK　保育実習Ⅱ・Ⅲの振り返り曲線シート（私の実習曲線）

学籍番号	氏名

自信をもったこと、そしてさらに向上させたい点（発展的な実習自己課題＝自分の長所を伸ばそう）

プラス面の要因を吹き出しでコメント記入（保育者からの指導内容や成果について記述を入れる）

テーマ：黒線「学びの深まり度」、赤線「モチベーションの変化」

実習前	／　～　／	／　～　／	／　～　／	
5				
0				
-5				

マイナス面の要因を吹き出しでコメント記入（保育者からの指導内容や成果について記述を入れる）

今後の学びが特に必要なこと・実習自己課題（省察的課題＝自分に必要なことを見つめ、具体策を考えよう）

④自己評価と実習先からの評価の照合

　これまでの実習の自己評価・他者評価を生かした実習が行えましたか。78・112ページを参照のうえ、実習の総仕上げの評価として新しい課題や発見を記入しましょう。

WORK 保育実習Ⅱ（保育所）の評価の照合

年　　　　月　　　　日

園名			学籍番号		氏名				

	評価項目	具体的な内容	非常に優れている	優れている	適切である	努力を要する	非常に努力を要する
子どもと保育の理解	子ども理解と援助	・継続的なかかわりを通して、子ども一人ひとりの思いの違い・日々の姿を理解し、個々に応じた援助をしようとする。					
	保育の計画と子どもの姿に応じた展開	・子どもの理解、保育者の保育のねらいや意図に基づいた保育の計画が、実際に展開される実践を観て学ぶ。 ・担当実習の計画を立案・実践し、その振り返りから反省を次の実践に生かす。					
	保育内容に適した環境	・保育環境が子どもの生活や活動、発想や興味・関心に大きな影響を与えることを実際に観て学ぶ。 ・安全・衛生・気候に適切な環境を考える。					
	保育所が担う様々な支援の理解	・多様な支援が必要な子どもや保護者に対する具体的な援助の実際を理解する。 ・地域の子育て家庭への支援や地域社会との連携・つながりについて知る。					
実習の姿勢	勤務姿勢・保育士の職業倫理の理解	・遅刻早退等なく出勤する。 ・社会的な常識や振る舞い・保育士としての責任について自覚する。					
	意欲・探求心	・学ぶ意欲をもって積極的に実習に取り組む。 ・日々の実習を振り返り、次の実践に向け意欲的に助言を生かそうとする。					
実習自己課題	「実習自己課題」への取り組み	・事前学習での「実習自己課題」や学びの視点を持って実習に臨み学びを得る。					
	実習ルールの理解	・実習ルールブックに示された実習の規定・課題等を理解し適切に実行する。					

総合所見	優れていた点・期間中に成長や努力が見えた点
	今後の課題

評価を照合して感じたこと学んだこと、今後に生かしたいこと

WORK　保育実習 III（施設）の評価の照合

年　　　　月　　　　日

施設名			学籍番号		氏名			

	評価項目	具体的な内容	非常に優れている	優れている	適切である	努力を要する	非常に努力を要する
子どもと施設の理解	施設の社会的役割の理解	・施設の支援目標、機能、役割を理解する。 ・施設と家庭・地域・子育て支援事業との関係や連携、実態について学ぶ。					
	支援の内容の理解	・支援の活動の流れや具体的内容、支援の視点を理解する。 ・様々な職種・職員間の連携や、保育者の子どもへの援助の方法から、子どもの最善の利益への配慮の姿勢を学ぶ。					
	子どもの理解と対応の習得	・観察・かかわりにより、個々のニーズを理解・把握し、一人ひとりの発達に応じた対応・支援の習得に努める。					
	子どもの姿に応じた支援計画の立案	・年齢、特性、発達に応じた支援計画（指導案）のあり方を学び、職員のもと立案・実践する。					
実習の姿勢	勤務姿勢・保育士の職業倫理の理解	・遅刻・早退等なく出勤する。 ・社会的な常識や振る舞いについて改めて自覚し、信頼される人になろうとする。					
	意欲・探求心	・学ぶ意欲をもって実習に取り組む。 ・日々の実習を振り返り、次の実践に向け意欲的に助言を生かそうとする。					
実習自己課題	「実習自己課題」への取り組み	・事前学習での「実習自己課題」や学びの視点を持って実習に臨み学びを得る。					
	実習ルールの理解	・実習ルールブックに示された実習の規定・課題等を理解し適切に実行する。					
総合所見	優れていた点・期間中に成長や努力が見えた点						
	今後の課題						

評価を照合して感じたこと学んだこと、今後に生かしたいこと

145

Q&A 【就職に向けて】

Q1. 最後の実習を終え、いよいよ進路を選択する時期になりましたが、就職活動に際して、経験や気持ちを整理するためにやっておいたほうがよいことはありますか？

A1. 「なりたい保育者像」（p.8 を参照）を振り返り、あなたの「これまで」をまとめましょう。様々な方法がありますが、下記の項目を参考に、実習準備から就職活動を通して 1 冊のノートに書き込むことをおすすめしています。実習中の自分と今の自分を横断的（場面ごとに）・縦断的（時間の経過で）に見比べ整理できますし、社会人になって迷った時も、ノートのなかの「学生時代のあなた」の記録が道標になりますよ。

> ①すべての実習の実習自己課題と日誌を読み返し、はじめと終わりで変化したことを箇条書きにする（成長した点、慣れてしまった点などの可視化）。
>
> ②すべての実習の実習指導担当者のコメントを読み返し、共通して指摘されていることを書き出す（人から見た自分の印象、長所・弱点の可視化）。
>
> ③子ども（利用者）とのかかわりで、自分が「嬉しい」「楽しい」「充実している」「やりがいがある」などポジティブな感情をもった場面を書き出す（何をしたいか、目指す道の可視化）。また、その逆も書き出す。
>
> ④実習中に心に響いた言葉、印象に残った場面、感動した行動を書き出す（理想の保育者像の可視化）。

Q2. 保育所、施設、幼稚園、どこに就職をするのが自分に合っているのか判断できません。

A2. 保育所、施設、幼稚園それぞれの実習先での経験から、どのような部分が「合うのか」「合わないのか」、自分にとってどのような職場が働きやすいのか、なんとなくイメージがつかめているでしょう。そのことは他園を見学する際にも大切な判断基準になります。

　また、どこが向いているか判断ができない時は、保育所・幼稚園・施設の種別で選別せずに、いろんな種別の「気になるところ」に連絡して見学に行き、実際に生活の雰囲気を味わって、「この園（保育所・幼稚園・施設）で働いてみたいか」を具体的に考えてみましょう。

　見学しても、必ずしも応募する必要はありません。いろいろな園を見学し、説明内容・雇用条件・雰囲気などから多くの学びと情報を得てください。そのうえで、それぞれの印象を自分自身で整理し、養成校の教職員、家族、友人、先輩などに相談しながら、自分の思いを確かなものにしていきましょう。

第9章

すべての実習を振り返る

① 実習の学びを総括する
―実習全体で保育者と同じ過程をふんでいる―

①実習の学びを総括する―実は実習全体で保育者と同じ過程をふんでいる―

8ページの「あなたの目指す保育者像は？」をここで改めて記入してみましょう。

図9-1は、実習全体の学びを総括して見るために、保育所保育の年間指導計画と関連させて記したものです（保育所の年間指導計画では1年を4期に分けています）。こうして見てみると、実習全体のプロセスは、1年間の保育のプロセス（保育者の生活）に類似していることがわかります。実習生は、"保育者"の年間指導計画での省察・学びや、1年間の保育者の成長のプロセスの一端を実習全体から経験しているのです。みなさんは、実習全体を通じて、子どもとのかかわりや保育技術を磨くこと、勤務・任務を果たすことを学んだだけではなく、実は子どもから実際の保育者が感じているような"学び続ける保育者"としての生き方を養ってきていたのです。

図 9-1　保育者の生活を経験している実習全体のプロセス

実習全体のプロセス	保育所保育のプロセス（保育者の生活）
●1回目の実習（保育所）	●指導計画第1期（4月〜6月）
一週間の実習を終えての振り返り	一週間の省察と子どもの実情に合わせた週案の立案
実習を終えての振り返り	月案の作成・見直し・更新
次の実習（施設）に向けて実習自己課題の明確化	指導計画第1期の振り返りと保育要録作成 指導計画第2期への展望
●2回目の実習（施設）	●指導計画第2期（7月〜9月）
保育実習（施設）の振り返りと実習自己課題の明確化・教育実習への準備	指導計画第2期の振り返りと保育要録作成 指導計画第3期への展望
●3回目の実習（幼稚園）	●指導計画第3期（10月〜12月）
教育実習（幼稚園）の実習の振り返りと実習自己課題の明確化・4回目の実習への準備	指導計画第3期の振り返りと保育要録作成 指導計画第4期への展望
●4回目の実習（保育所または施設）	●指導計画第4期（1月〜3月）
実習の振り返りとともに保育職を目指すものとしての省察と課題・展望→「保育・教職実践演習」	第4期の振り返りとともに、第1期から振り返り、その年度の保育要録作成。次年度の年間指導計画作成

時間の幅などの違いはありますが、実習全体のプロセスと保育所保育のプロセスが類似しているのがわかりますね。

②保育も「私」も更新可能・成長可能な人間であると信じること

●「計画ありき」ではなく「子どもから学ぶ」姿勢を

　保育の現場は、事前に立てられた指導計画を優先した「計画ありき」で推し進めていくものではなく、子どもの実態に合わせて、計画が常に更新されます。この更新の根底にあるのが「子どもから学ぶ」という保育者の姿勢です。これは実習プロセスでも同様です。各実習の前には、自分の実習計画や実習に対する思いや意欲があったと思います。実習の直後には反省点と自己の課題が具体的に見えてきたことでしょう。それらが次の実習に対する広い意味での自分の「計画」になります。しかし、実習中はその実習自己課題にさえ満足に取り組むことができないような場面もあったに違いありません。これは保育の場が生身の人間が集ってともに生きる場であるのに対して、実習自己課題という「私の計画」が子どもや保育の実態とズレていて「計画ありき」であったことを示しているので、そのこと自体も振り返ってみる必要があります。

●振り返りの大切さ

　「振り返り」は、保育後や日誌を書く時にだけ行うのではありません。図 9-2 のとおり、子どもにかかわりながら思い直したり考え直したりと、子どもの見方を変更するなかで、意識的にも無意識的にも「振り返り」が行われているのです。実習生として、実習中は様々に試行錯誤しながら、子どもとかかわってきたのではないでしょうか。しかし、保育の実践中は、それを一つひとつ書き留めて記憶しておく時間はなかったと思います。保育後、片づけをしながら、あるいは明日の保育の準備をしながら、日誌を書きながら、冷静かつ丁寧に保育を思い出して記載しているうちに、自分の保育行為の課題が見えてくるのです。このようにして振り返った点を中心に、明日の計画を具体的に更新し（省察）、実習をよりよい学びとするように自分で自分を引き上げてきたのです。**まさに実践と省察を往還しながら、子どもの実情を模索し続ける循環的未結性を土台に据えた生身の保育を学んできたのです**（"循環的未結性" については、p.150 を参照）。

図 9-2　実習の 1 日のプロセスと保育者の営みのキーワード

実践と省察を往還しながら子どもの実情を模索する過程が同じですね。

保育中

子どもたちとかかわりながらの省察
（気づき・喜び・驚き・疑問・課題）
≒実践

↕

子どもたちとのかかわり方の転換・捉え直し・学び
≒視点変更・予定の更新・方向転換

保育後

片づけ・次の日の準備
気づきの深まり・新たな気づき
≒想起

ミーティング・実習日誌の記述
学び・学び直し・視点の拡がり
≒保育の振り返り・視点変更

次の日の実習目標・ねらい、保育の予定・主活動の確認
≒省察に基づく日案の立案・更新

② 実習からつながる専門職への道

①実習での学びと経験を生かす

　保育所・施設・幼稚園といった実習先の特徴が色濃くありながらも、その相違に対応しながら振り返り、実習自己課題を明確にしながら取り組んだすべての経験は、保育専門職の生活（過程）の基本的な経験ともいえます。また同様の経験をした仲間と情報交換をすることで、保育の実践の広さと深さも実感したことでしょう。この経験と実感だけでも、保育専門職への道に進む動機としては十分です。

　さらに、様々な保育の場で様々な経験をしてきた仲間同士が、自分の経験と省察を "共感・共有" し、保育職についての見聞をさらに広め、深めながら学び続けていくことで、保育職に就いた時から保育者としての "幅" をもたせてくれます。実習中の学びや疑問を記憶や日誌のなかから掘り起こし、ロールプレイングや事例研究などに取り組むことを通じて、様々な考えに触れ、「答えのない」「答えは一つではない」という保育現場の多様で複雑なありさま（循環的未結性）を理解しておくことが大切です。

　このような学びを保証するために、実習（保育学生の学び）の総括的な授業として「保育・教職実践演習（幼稚園）」があります。

②実習と保育職を橋渡しする「保育・教職実践演習（幼稚園）」

　この授業は、実習を経験してきたみなさんが、保育職に対する使命感や責任感、教育的愛情をどのように育んできたか、マナーや社会性や対人関係能力をどの程度身につけてきたかを確認し、学びに対する具体的な課題を明確にすることをねらいにしています。一方で保育の専門職として、子ども理解やクラス運営、保育内容に応じた指導方法を今までどのように学んできたのかを確認しながら、それぞれの課題に具体的に取り組んでいきます。

　実習中には緊張して言えなかったことやうかがえなかったことを、現職の保育者との意見交換の場で話し合ったりする機会を通じて、自分の経験してきた実習の意味を深めたり、実習の時には気づけなかった保育の意義や保育者の役割、職務内容、子どもに対する責務などを再確認します。

　実習が一息ついて卒業するまで、振り返りと省察を行いながら、保育者になるための実習自己課題に基づいた学びをしていきます。保育者になるために、自分の何を高めておかなければならないかは自分自身が一番理解していると思います。なぜならそれは、実習をすべて経験してきたみなさんだからこそ、具体的に考えられるものだからです。

③進路選択につながる

　実習は保育そのものの理解、勤務としての保育の理解にとどまらず、保育者としての生活や生き方を学ぶ場であることは、前に述べました。さらに言えることは、実習は "就職活動のひとつ" でもあるということです。

　実習は、「こんな園で働きたい」「あんな先輩保育者と一緒に働きたい」など、就職の動機、希望を実際に膨らませていく直接的な場でもあります。実習先の園長や主任、実習指導担当者も同様の目で実習生を見ています。「あの実習生、うちの園に就職を希望してくれないかな」「この実習生に働いてもらいたい」などと、早い園では実習が始まって 1 週間が過ぎた時期から考えているのです。実習生と園の希望が双方にマッチングするのが理想ですが、双方の希望の折り合いは様々です。

　うまくマッチングした場合でも、その園での実習経験がすべてではありません。同種の他の園を見学に行く、あるいは「保育・教職実践演習（幼稚園）」で他の実践に心を傾けて視野を広げる、もしくはマッチングした園で継続的にボランティアをさせていただくことにより、保育を冷静に見つめ直すことが重要です。マッチングしない場合は、自分は実習を通じて、どのような保育または保育者をモデルとしたいのかを冷静に見つめ直し、園の見学などを重ね、就職先をあせらず選択していくことが大切です。

④子どもとともに、保護者とともに、先輩や同僚とともに

　実習を終えて、「保育・教職実践演習（幼稚園）」を学びながら就職活動をするなかで、今一度立ち止まって専門職としての "保育" の概念やイメージを捉え直し、保育を学ぶ学生としての学びの総括をしてください。以下の点を心に留めながら、まとめの時期を過ごしていただきたいと思います。

保育の学びのまとめ

・保育は常に「子ども（実態・心もち）から学ぶ」場である。だから、保育者も "子どもと共に育つ"、さらに "保護者と共に" 保育者も育つ場である。
・保育は「私」一人では向上しない。先輩や同僚の保育者との苦心を伴う助け合いや話し合いのなかで、保育が「私たち」のものとなってはじめて、その質や内容が変わり向上する。
・生涯をかけて「保育者になっていく」学び続ける保育者、日常に埋没しない子どもの世界の探検家になる。

　今のみなさんにとっては想像できないことかもしれませんが、様々な保育技術はこれから保育者になって数年で見事にこなすことができるようになるものです。しかし保育を単にこなしている自分を問いただしながら、子どもや保護者の心もちに目を向けて、そのなかに新鮮な気づきや自分の役割・使命を見出す必要があります。そのような専門性をもつ保育職へのイメージをしっかりと培って、志の高い保育者になっていってほしいと願っています。

事前・事後学習のポイントを理解！
保育所・施設・幼稚園実習ステップブック［第2版］

2016 年 4 月 1 日	初版発行
2019 年 4 月 1 日	初版第 4 刷発行
2020 年 4 月30日	第 2 版第 1 刷発行
2022 年 3 月 1 日	第 2 版第 2 刷発行

編著者　　山本　美貴子
　　　　　松山　洋平

発行者　　竹鼻　均之

発行所　　株式会社みらい
　　　　　〒500-8137 岐阜市東興町 40　第 5 澤田ビル
　　　　　TEL：058-247-1227（代表）
　　　　　FAX：058-247-1218
　　　　　https://www.mirai-inc.jp

印刷・製本　西濃印刷株式会社

ISBN978 - 4 - 86015-517-9 C3037
Printed in JAPAN　　乱丁本・落丁本はお取り替え致します。